그는 왜 모두가 좋아할까?

ASA IPPUN SHIGOTO GA TANOSHIKUNARU TRAINING
ⓒ WATARU KAMBA 2003

Originally published in Japanese in 2003 by SEISHUN PUBLISHING CO., LTD.

Korean translation rights arranged through TOHAN CORPORTION, TOKYO
and ERIC YANG AGENCY, SEOUL.

Korean translation copyright ⓒ 2005 by ARACHNE PUBLISHING CO.

이 책의 한국어판 저작권은 에릭양 에이전시를 통한 TOHAN CORPORTION사와
독점계약으로 ARACHNE PUBLISHING CO.가 소유합니다.
저작권법에 의해 한국 내에서 보호를 받는 저작물이므로
무단 전재와 무단 복제를 금합니다.

완벽한 대인관계를 만드는 54가지 법칙

그는 왜 모두가 좋아할까?

감바 와타루 / 김성기 옮김

아라크네

머리말
대인관계가 완벽하면
인생이 즐거워진다

사회생활을 하다보면 유난히도 인기 있는 사람이 있다. 모두가 좋아하는 사람, 함께 일하고 싶은 사람. 이런 사람들은 어떤 일을 하더라도 상사나 주변 사람들에게 흔쾌히 '예스'라는 대답을 얻어내고 너무나도 쉽게 많은 도움을 받는다.

그렇다면 모두가 좋아하는 그 사람과 그렇지 못한 사람에게는 어떤 차이점이 있을까?

물론 외국어 실력이나 경제지식, 산술능력, 지능지수 등도 관계가 있다. 하지만 실제로 가장 큰 차이점은 '커뮤니케이션 능력'이다. 대인관계가 원만한 사람은 어떤 타입이든 예외 없이 이 능력이 뛰어나다.

가령 거래처와 가격을 흥정하는 도중에 상대의 말수가 적어지면, 재빨리 상대의 기분 변화를 파악하고 그 상황에 대처하는 사람이 있다.

'이 사람은 가격을 깎아줄 마음은 있다. 하지만 추가 주문을 받지 못하고 가격만 깎아주면 회사에 돌아가서 마땅히 할말이 없기 때문에 망설이는 것 같다. 그러므로 지금 추가로 주문하면 가격을 5퍼센트쯤 더 낮출 수 있다.'

이렇게 생각할 수 있는 사람은 불필요한 적을 만들지 않고 상대를 자기편으로 끌어들인다. 이로써 업무를 순조롭게 진행하고 스트레스도 적게 받는다. 당연히 성과도 좋게 나온다. 그러다 보면 자신이 원하는 일을 스스로 선택할 수 있다.

이런 능력과 더불어 자신의 장점이나 특기를 자연스럽게 어필하는 기술도 중요하다. 이처럼 인간관계를 부드럽게 형성하는 기술을 '사회적 기술'이라고 한다. 여기에는 상대에게 호감을 주고 신용을 얻는 '자기연출 기술'과 커뮤니케이션을 순조롭게 이어가는 '커뮤니케이션 기술'이 있다.

대부분의 커뮤니케이션은 대화로 이루어진다. 대화는 자신을 표현하는 대표적인 도구다. 자기 의견이나 기분을 상대에게 정확히 전달하고, 상대가 말하고자 하는 바를 재빨리 이해하는 사람은 대화도 부드럽게 이끌어간다.

커뮤니케이션 능력이 뛰어난 사람은 대개 훌륭한 인맥을 형성하고 있다. 아무리 잘난 사람도 혼자서는 큰일을 할 수 없다. 자신의 목적을 달성하려면 사람을 움직일 수 있어야 한다. 이 책에서는 자신에게 힘이 돼줄 사람과 네트워크를 형성하는 방법을 기술하고 있다.

'커뮤니케이션의 달인'이라든지 '세상을 자유롭게 살아가는 사람'이라면 흔히 쾌활하고 사교적인 사람을 떠올리기 쉽다. 물론 상대에 따라 적절하게 화제를 바꾸며 누구하고든 자연스럽게 대화를 나눌 수 있는 적극적인 사람이 내성적이고 소극적인 사람보다 유리한 것은 사실이다.

하지만 스스로 소극적인 성격이라고 생각하는 사람도 표현 방법을 바꾸거나 상대의 반응에 약간 관심을 갖는 것만으로 사회적 기술을 향상시킬 수 있다. 굳이 성격을 바꿀 필요 없이 단지 몇 가지 습관만 들이면 된다. 자기 자신이 조금만 바뀌면 상대도 바뀐다. 그러면 업무 실적도 그 결과에 따라 좋아진다.

이 책에서는 대인관계를 원만하게 만들어 업무를 순조롭게 진행하는 유능한 사람이 되기 위한 54가지 방법이 담겨 있다. 어느 부분부터 읽든 상관없지만, 가능하면 각 장을 순서대로 읽어보자. 더불어 각 장의 뒷부분에 있는 '체크리스트'와 '어드바이스'를 함께 읽어 업무에 활용해보기 바란다.

집에서든 전철 안에서든 아침에 단 1분만 시간을 내 이 책을 읽자. 그리고 이 책에서 제시하는 방법을 실천해보기 바란다. 결코 어렵지 않은 방법으로 대인관계를 향상시킬 수 있다. 이를 통해 즐거운 사회생활을 위한 일상의 리듬을 발견하게 될 것이다.

감바 와타루(樺旦純)

차례

머리말 대인관계가 완벽하면 인생이 즐거워진다 | 4

1장 왠지 함께 일하고 싶어지는 '그'
❶ 상대의 이야기를 잘 들어주자 | 14
❷ 긍정적인 분위기를 만들어라 | 18
❸ 3분 안에 호감을 얻어내는 요령을 익혀라 | 21
❹ 유능한 사람으로 보일 수 있도록 연출하라 | 24
❺ 자신을 드러내라 | 28
❻ 인간관계의 무기, 칭찬 | 31
❼ 때로는 아부도 필요하다 | 35
❽ 원만한 인간관계를 유지하려는 노력을 하라 | 37
❾ 만날수록 더욱 친해지는 비결을 익혀라 | 41
　체크리스트 1 | 즐거운 기분으로 일하고 있는가? | 44

2장 너무나도 쉽게 'YES'를 얻어내는 '그'
❿ 먼저 비난하고 나중에 칭찬하라 | 50
⓫ 조목조목 짚어서 칭찬하라 | 52
⓬ 접대용 인사말의 실체를 파악하라 | 55
⓭ 나는 '도움이 되는 사람'인가 | 57
⓮ 변명하지 말고 사과하라 | 60

❶❺ 밝은 표정으로 웃으며 인사하라 | 62
❶❻ 감사의 말은 애정표현이다 | 64
❶❼ 도와주고 보답을 기대하는 것은 어리석은 짓이다 | 67
　　체크리스트 2 | 당신의 대인관계는 원만한가? | 69

3장 늘 많은 사람들에게 둘러싸인 '그'
❶❽ 만남을 인맥으로 발전시켜라 | 76
❶❾ 폭넓은 인맥을 형성하기 위한 다섯 가지 포인트 | 79
❷⓿ 성실함을 무기로 삼아라 | 83
❷❶ 상대에게 신뢰감을 주는 열 가지 포인트 | 86
❷❷ 상대에게 '특별한 사람'이 돼라 | 89
❷❸ 주는 만큼 받는 균형감각을 유지해라 | 91
❷❹ 상대에게 무엇을 제공할 수 있는지 생각하라 | 94
❷❺ 약간은 손해를 봐도 괜찮다는 생각으로 행동하라 | 97
❷❻ 꾸준히 연락하고 지내는 것도 능력이다 | 99
　　체크리스트 3 | 당신은 신뢰할 만한 사람인가? | 102

4장 항상 능력보다 더 인정 받는 '그'
❷❼ 상대의 이야기를 잘 듣는 사람이 자신의 의사도 잘
　　표현한다 | 108
❷❽ 상대의 부탁을 거절하는 것도 능력이다 | 111

㉙ 인상관리가 처세술의 첫 번째다 | 114
㉚ 서투른 대인관계로 손해 본다면 셀프 모니터링 능력을 키워라 | 119
㉛ 감성지수의 7영역에 강해지자 | 122
㉜ 접대용 멘트는 상대와 상황을 가려서 적절히 사용하라 | 125
㉝ 상대에게 의욕을 불어넣는 요령을 익혀라 | 128
㉞ 상대에 따라 갈등을 해결하는 방법도 달라야 한다 | 131
㉟ 감동을 부르는 '공감기술'을 익혀라 | 134
체크리스트 4 | 당신은 얼마나 요령 있게 처신하는가? | 137

5장 적도 친구로 만드는 '그'

㊱ 완고하고 심술궂은 사람 | 144
㊲ 자기 이야기만 하는 사람 | 147
㊳ 자신에 대해 이야기하지 않는 사람 | 150
㊴ 거침없이 함부로 말하는 사람 | 153
㊵ 임기응변에 능한 사람 | 156
㊶ 자신의 이익을 위해 남을 이용하는 사람 | 159
㊷ 소문 퍼뜨리기를 좋아하는 사람 | 162
㊸ 뒤에서 헐뜯기 좋아하는 사람 | 165
㊹ 허영심이나 질투심이 강한 사람 | 168

㊺ 말과 행동이 다른 사람 | 171
㊻ 상습적으로 거짓말하는 사람 | 174
㊼ 생색을 잘 내는 사람 | 177
㊽ 언제나 서먹서먹하게 대하는 사람 | 180
    체크리스트 5 | 당신은 어떤 사람인가? | 183

6장 '그'처럼 일하면 일이 즐겁다

㊾ 팀워크를 중시하라 | 190
㊿ 당당히 거절하라 | 193
㉑ 상대방의 '개인 영역'을 파악하라 | 196
㉒ 서로가 편안해질 수 있는 적당한 거리를 유지하라 | 199
㉓ 정말 능력 있는 사람은 외모도 소홀히 하지 않는다 | 202
㉔ 함께 있으면 즐거워지는 사람이 되자 | 205
    체크리스트6 | 당신은 얼마나 자신감 있게 생활하는가? | 209

1장

왠지 함께 일하고 싶어지는 '그'

회사에 출근해 첫 업무가 원만하게 진행되면 대개는 그날 하루의 생산성도 높아진다. 기획회의 프리젠테이션도 순조롭고 제품도 납기에 맞춰 거래처에 넘기게 된다. 또 상사에게 일을 잘한다는 칭찬도 듣는다. 이렇게 산뜻하고 기분 좋게 하루를 출발하면 이미 그 시점에서 업무 자체가 즐거워진다.

이와 반대로 아침부터 상사에게 꾸중을 듣고 회의에서 '반대를 위한 반대'에 부딪히면, 일은 물론이고 회사에 출근하는 것조차 싫어진다. 일이 즐겁지 않다는 사람들은 대부분 이런 고민을 갖고 있을 것이다.

요즘 직장에서는 팀 단위로 진행되는 일이 많다. 따라서 자기 업무와 관련된 사람들에게 아주 조금만 관심을 가져도 성과가 금방 나타난다. 이번 장에서는 그와 관련된 힌트를 제시하겠다. 다음 내용들을 실행에 옮김으로써 자신의 이미지를 좋게 심어주자. 그래서 매일 즐거운 기분으로 업무에 임하기 바란다.

각 장의 뒷부분에 있는 '체크리스트'와 '어드바이스'로 지금의 자신을 먼저 파악한 후에 시작해도 좋다.

❶ 상대의 이야기를 잘 들어주자

비즈니스에서 교섭 능력이나 설득력이 뛰어난 사람들은 흔히 말을 잘하거나 추진력 있다는 이미지가 강하다. 하지만 사실은 상대의 말을 잘 들어주거나 질문을 잘하는 사람이 성공적으로 업무를 수행한다. 자기 뜻을 관철시키려면 우선 상대의 이야기를 진지하게 듣고 상대가 어떤 생각을 하며 무엇을 원하는지 알아야 하기 때문이다.

비즈니스의 기본은 신뢰다. 신뢰를 얻기 위해서는 먼저 상대의 이야기를 듣고 그에 따라 대응해야 한다.

세상에는 자기 얘기를 하고 싶어 안달이 난 사람들이 수두룩하다. 상대에게 좋은 모습을 보이려고 애쓰기도 하고 고민이나 불안한 마음을 털어놓고 싶어하기도 한다. 비즈니스 세계의 사람들은 '어떻게 이야기하면 재미있고 유능한 사람으로 여겨질까?' 하는 것에만 신경을 쓰기 때문에 상대의 이야기를 듣기보다는 자기 이야기만 하는 경우가 많다.

사람은 누구나 인정받고 싶고 자신을 이해해주기 바라는 욕구를 지니고 있다. 그런 욕구를 채울 수 있는 기본적인 방법은 먼저 상대의 이야기를 들어주는 것이다. 요즘에는 자신의 이야기를 차분히 들어주는 상대를 발견하는 게 쉽지 않다. 그렇기 때문에 상대의 이야기를 잘 들어주면 '이 사람은 좀 다르다' 는 인상을 깊이 심어줄 수 있다. 이야기를 들어주는 것만으로도 상대는 고마움을 느끼며 호감과 신뢰를 갖게 된다.

누구나 한 번쯤은 처음 만난 사람에게 '이 사람과 이야기하면 너무 편해'라는 느낌을 받은 적이 있을 것이다. 그는 이미 '상대방의 이야기를 들어주는 방법'을 익히고 있는 사람이다.

당신에게는 대화를 하면 복잡하게 얽혀 있던 일들이 술술 풀리는 것처럼 느껴지는 상대가 있는가? 자신의 이야기를 잘 들어줄 뿐만 아니라 복잡한 마음까지 깨끗하게 정리해준다는 생각이 들면 그 상대가 특별한 존재로 느껴지게 된다. 사람은 누구나 자신의 이야기를 들어주는 사람에게 고마움을 느끼기 때문이다.

상대방의 이야기를 들어주는 일곱 가지 방법

1. 대화의 주제를 상대에게 맞춘다.
자신의 이야기는 최소로 줄이고 주로 상대에 대해 이야기한다.
"바쁘실 텐데, 항상 건강하시네요."
"가족들은 다들 건강하세요?"
"최근에 어디 여행 다녀오셨어요?"
이런 식으로 말을 꺼내며 상대가 이야기하기 쉬운 화제를 고른다.

2. 상대의 이야기에 적극적으로 반응한다.
이야기를 듣는 중에 "아, 그렇습니까" "처음 듣는 이야기로군요" 하는 식으로 상대의 말에 관심과 공감을 나타낸다.

3. 다양한 표정으로 상대와 시선을 맞추며 이야기를 듣는다.
놀라움, 기쁨, 감동 등을 표정이나 몸짓으로 표현한다. 이때 특히 중요한 것은 대화 중에 상대와 눈을 마주치는 것이다. 이것은 이야기를 재미있게 잘 듣고 있다는 표시이기도 하다.

4. 열심히 듣는 자세를 보여준다.
온몸으로 열심히 듣고 있음을 보여준다. 얼굴만으로 '연기'하면 상대에게 제대로 전달되지 않기 때문이다.

5. 적당하게 맞장구를 치거나 고개를 끄덕인다.

이야기를 들으며 "예, 예" 하고 대꾸하면서 적당히 장단을 맞춰주면 효과적이다. 맞장구는 이야기를 잘 듣고 있다는 자세를 보여줄 뿐만 아니라, 대화의 흐름을 원활하게 만들어주기도 한다. 이야기하는 상대는 자신의 이야기가 제대로 전달되고 있다거나 당신이 이해하기 위해 노력한다고 생각하면서 계속 이야기하게 된다.

6. 중간에 이야기를 끊지 않는다

상대가 이야기를 끝낼 때까지 차분히 들어준다. 질문하거나 화제를 바꾸는 것은 상대의 이야기가 다 끝났음을 확인한 뒤에 해야 한다. 열심히 이야기하는 도중에 말이 끊기면, 설령 그 질문이 옳더라도 시큰둥하게 생각하기 쉬우므로 주의해야 한다.

7. 적절하게 질문을 던진다.

대화는 캐치볼과 같다. 상대가 원하는 방향으로 볼을 던져줘야 한다. 이야기가 길어지거나 복잡해질 경우에는 다 듣고 난 다음에 다시 요점을 정리해 확인하는 것도 좋다.

❷ 긍정적인 분위기를 만들어라

처음 만난 비즈니스 상대와 교섭할 때는 사회적 지위를 막론하고 누구나 긴장하게 마련이다. 상대가 신뢰할 수 있는 사람인지, 혹은 대화가 잘 통할 사람인지를 알 수가 없어 긴장한다. 이럴 때는 상대를 만나기 전에 자기 암시를 걸어보자.

"지금 만날 상대는 좋은 사람이다. 분명 그 사람이 좋아질 것이다."

그렇게 생각하고 만나면 자신이 갖고 있는 호감이 상대에게 전해지기도 한다. 그러면 그쪽 역시 호감을 갖게 되는 경우가 많다. 상대를 만나면 밝은 얼굴로 인사하며 먼저 말을 걸어보자.

"오늘은 날이 따뜻하네요."

"이 가게는 분위기가 상당히 좋군요."

이처럼 상대의 말을 기다리기보다는 자신이 먼저 화젯거리를 제공해 분위기를 풀어줘야 한다.

사람들은 누구나 낯선 상대를 만나면 긴장하고 경계하기 마련이다. 이럴 때 먼저 입을 열어 상대의 경계심을 풀어줘 편안한 분위기를 만들어야 한다.

사내 동료들과 만났을 때도 마찬가지다. 다른 부서 직원과 외부에서 만났을 때, 가볍게 인사하며 말을 걸어보자. 자신이 먼저 다가가 말을 걸다 보면 상대와의 인간관계도 한층 더 돈독하게 만들 수 있다.

상대에게 말을 걸 때 환하게 미소 짓는 것도 잊지 말아야 한다. 카운슬링 용어 중에 '신뢰관계'라는 말이 있다. 말하는 사람과 듣는 사람의 신뢰관계를 높이려면 우선 듣는 쪽에서 '이 사람은 내게 호감을 갖고 있다'고 생각할 수 있을 정도가 돼야 한다. 환한 미소를 지으며 말을 걸면 상대도 대개는 웃는 얼굴로 답하게 된다. 뭐든 처음이 중요한 법이다.

대화를 나눌 때는 밝은 내용의 화제를 택하자. 그리고 가능하면 긍정적인 반응을 끌어내는 말을 사용하는 것이 좋다.

"오늘은 날이 덥군요."

"그러네요."

"이런 날엔 빨리 집으로 돌아가 시원한 맥주라도 마시고 싶군요."

"네, 정말 그래요."

이처럼 상대가 긍정적인 대답을 하도록 이야기하면 대화를 부드럽게 진행할 수 있다. 사람은 긍정적으로 말하는 사람에게 긍정적인 인상을 갖게 마련이다.

설득이나 교섭을 할 때도 긍정적으로 이야기하는 쪽이 상대의 동의를 얻어내기 쉽다. 일단 '예'라고 인정한 뒤에는 '아니요'나 '안 돼요'라는 말을 꺼내기가 힘들기 때문이다. 일을 잘하는 사람은 이런 심리를 비즈니스에 적절히 응용한다.

③ 3분 안에 호감을 얻어내는 요령을 익혀라

 남들에게 신경질적이라는 말을 자주 듣지만, 본인은 그 반대라고 생각하는 사람이 있다. 이처럼 스스로 알고 있는 자신과 남들이 바라보는 자신이 다른 경우가 종종 있다.

 그런데 그 차이가 너무 심하면 비즈니스에서도 가끔씩 곤란한 일을 겪게 된다. 가령 누가 보더라도 약간 우스꽝스러운 타입이지만 정작 본인은 자존심이 너무 강해 남들의 가벼운 농담에도 발끈한다고 치자. 상사들도 이런 부하직원을 다루는 것이 결코 쉽지는 않다.

· 심리학에는 '라벨링(Labeling) 효과'라는 말이 있다. 피터팬 신드롬(Peter Pan Syndrome)이나 그밖의 여러 증후군과 같은 명칭(라벨)을 붙여, 고유의 특징으로 확정 짓는 것을 말한다. 일단 라

벨을 붙이면 더 이상 아무런 검증도 하지 않고 확신해버리는 것이다.

흔히 타인을 평가할 때 "저 사람은 이런 타입이야"라는 식으로 라벨을 붙이는 경우가 많다. 그 라벨은 첫인상으로 결정된다고 한다.

상대의 첫인상을 결정하는 정보는 인간의 오감 중에서 대부분 시각이 차지한다. 그 비율은 무려 87퍼센트에 이른다.

이러한 점을 염두에 두고 사람의 인상을 결정하는 요소를 살펴보자.

- 외모 — 얼굴, 헤어스타일, 복장, 키, 몸무게 등
- 언행 — 말투, 이야기하는 속도, 목소리 등
- 태도 — 시선, 표정, 동작, 자세, 습관 등

이것을 바탕으로 '부드럽게 느껴지는 사람'이나 '차갑게 느껴지는 사람' 등 다양한 인상을 갖게 된다. 첫인상은 시간으로 따지면 불과 6, 7초에 결정된다. 또 전체적인 이미지를 형성하는 데는 채 3분도 걸리지 않는다고 한다. 그 짧은 시간에 결정된 인상은 좀처럼 바뀌지 않는다.

처음에 '신뢰가 가는 사람'이라는 인상을 갖게 되면 그 사람의 말이나 태도에서까지 신뢰를 느낀다. 그래서 불성실한 태도를

보더라도 나름대로 무슨 사정이 있을 것이라고 호의적으로 해석하게 된다. 누구나 한 번쯤은 그런 심리를 경험한 적이 있을 것이다.

 반면 처음부터 '매사에 흐릿한 사람'이라는 인상을 갖게 되면 다음부터는 그 사람이 무슨 이야기를 해도 말이나 태도가 흐릿하다고 생각하게 된다.

 인간은 본능적으로 편하게 생각하고 싶어한다. 일일이 상대에 대한 평가를 바꾸려고 하기보다는 한번 붙인 라벨을 바탕으로 상대를 대하는 태도를 결정짓는다.

④ 유능한 사람으로 보일 수 있도록 연출하라

대부분의 사람들은 평소에 무의식적으로 어떤 장면이나 상황에 맞춰 '연기'를 한다. 첫인상은 이 연기, 즉 자기 연출에 달려 있다고 해도 과언이 아니다.

이제 초면인 상대에게 안겨줄 첫인상에 대해 살펴보자. 성격이나 직업은 저마다 조금씩 다르겠지만, 상대에게 호감을 주는 사람은 대개 다음과 같은 공통점을 갖고 있다.

- 차림새가 청결하다.
- 웃는 얼굴로 밝게 인사한다.
- 자연스러운 분위기로 대화를 나눈다.
- 표정이 풍부하다.

- 상대의 눈을 바라보며 이야기한다.
- 언제나 부드럽고 밝은 미소를 머금고 있다.
- 차분한 모습에서 자신감이 넘친다.
- 질문을 받으면 적절하게 대답한다.
- 논리적으로 명확하게 자신의 의견을 말한다.
- 등을 꼿꼿이 펴고 앉고 팔짱을 끼거나 다리를 꼬지 않는다.

이와 반대로 좋지 않은 인상을 주는 사람들의 공통점은 다음과 같다.

- 복장이 흐트러져 있고 불결하다.
- 침울한 표정으로 혼자 중얼거리듯 말한다.
- 잔뜩 긴장한 채 불안한 모습을 보인다.
- 대화할 때 상대의 눈을 쳐다보지 않는다.
- 항상 표정이 굳어 있다.
- 질문을 받으면 엉뚱하게 대답한다.
- 이야기가 논리적이지 못하고 걸핏하면 상대의 말을 가로막는다.
- 구부정한 자세로 아무렇게나 다리를 뻗고 앉는다.

초면에는 표정, 말투, 태도, 표현력 등이 상대에게 강한 인상을 심어준다. 그렇기 때문에 평소에 자신의 표정, 태도, 행동 등을 체크할 필요가 있다. 인사하는 태도, 웃는 얼굴, 앉는 자세 등은 상대에게 호감을 줄 수 있는 요소이므로 잘 키워야 한다. 특히 쉽게 긴장하는 소심한 사람은 전신거울을 이용해 꾸준히 연습하는 것이 좋다.

모든 인간관계는 첫인상이 그 출발점이다. 사람과의 만남에서 첫인상이 차지하는 비중은 상당히 크다. 이것은 비즈니스에서도 마찬가지다. 특히 한정된 시간 안에 상대와 교섭을 끝내야 하는 비즈니스의 경우는 개인적인 만남처럼 조금씩 천천히 이해하는 방법이 통하지 않는다. 그렇기 때문에 첫인상이 더욱 중요한 것이다.

"아니야, 난 그런 선입관으로 상대를 판단하지 않아."

이렇게 말하는 사람도 정작 본인은 주위 사람들로부터 어떤 라벨이 붙여진 경우가 적지 않다.

상대는 차림새를 비롯해 표정, 태도, 말투 등으로 신뢰할 수 있는 사람인지, 자신감이 넘치는 사람인지 판단한다. 한순간에 자신의 가치가 결정되는 것이다. 게다가 비즈니스에서는 상대가 더 이상 만나고 싶어하지 않으면 다시 만나기가 힘들다.

아무리 훌륭한 상품이라도 겉모습이 좋지 않으면 팔리지 않는다. 그러면 훌륭한 상품을 제대로 활용하지 못하게 된다. 상품을 팔려면 그 나름의 세일즈 테크닉이 필요하다.

처음 만나는 사람에게 신뢰감을 심어주려면 밝은 미소와 청

결한 차림새가 기본임을 기억해야 한다. 아무리 능력이 뛰어난 사람이라도 상대에게 불결한 느낌을 주면 더 이상 인간관계를 진척시키기 어려워진다.

차분한 태도로 자신감 있게 행동하는 것도 중요하다. 잔뜩 긴장해 안절부절못하거나 작은 목소리로 우물거리면 신뢰를 얻기는커녕 부정적인 인상만 심어주게 된다.

어둡고 자신감이 없는 사람의 말보다 밝고 자신감 넘치는 사람의 말을 듣고 싶어하는 것은 누구나 마찬가지다.

⑤ 자신을 드러내라

우리 주변에는 종종 "저 사람은 도무지 무슨 생각을 하는지 모르겠어"라는 말을 듣는 사람이 있다. 항상 무표정한 얼굴로 입을 굳게 다물고 있기 때문에 무엇을 좋아하고 어떻게 생활하는지 전혀 알 수가 없다.

사람과 사람이 친해지기 위해 필요한 요소 중 하나는 마음의 개방이다. 즉, 자신에 대해 상대에게 이야기하는 것이다.

친구와 처음 만났을 때를 돌이켜보면 쉽게 이해할 수 있을 것이다. 처음에는 조심스럽게 말하지만, 시간이 흐를수록 점차 자신이나 가족에 대한 이야기를 하게 된다. 그리고 좀더 친해져 신뢰감이 쌓이면 개인적인 고민까지 털어놓게 된다.

이처럼 초기단계에서 친숙한 단계로 나아감에 따라 커뮤니케이션의 내용도 변해간다. 비즈니스에서도 마찬가지다. 상대와 좋은 관계를 맺고 싶다면 우선 상대에게 자신을 알려야 한다.

자기 자신을 드러내는 정도는 사람에 따라 조금씩 다르다. 다만 처음부터 마음을 여는 사람이라도 '이 사람한테는 여기까지만' 하는 식으로 상대를 보아가며 화제를 선택해야 한다.

가족 사항이나 취미 등은 누구에게나 편하게 이야기한다. 하지만 자신의 내면 깊숙한 부분은 아무에게나 쉽사리 털어놓지 않는다. '이 사람이라면 이야기해도 괜찮겠다'는 생각을 할 정도라면 이미 서로에 대해 잘 알고 있거나 그만큼 신뢰하고 있는 사람이다.

상대와 자신의 관계는 서로 마음을 드러내는 정도에 따라 판가름된다. 세상 돌아가는 이야기는 하지만 개인적인 이야기는 할 수 없다면 그다지 친근하게 느끼는 상태는 아니다. 한 직장에서 몇 년 동안 얼굴을 마주했지만 서로 툭 터놓고 이야기를 나눈 적이 없는 사람도 많다. 반면 여행지에서 마음이 맞는 사람과 서로의 고민을 털어놓으면서 순식간에 친해지는 경우도 있다. 만남의 기간이나 횟수가 중요한 것이 아니라 서로 얼마나 자기 마음을 드러낼 수 있는지가 중요한 것이다. 또한 상대방이 다른 사람에게는 하기 어려운 이야기를 자신에게는 터놓고 한다는 느낌도 두 사람의 관계를 더욱 친밀하게 만들어준다.

타인에게 자신을 드러내지 않는 사람은 자신의 참모습이 밝혀질까 두려워 필요 이상으로 자신을 방어한다. 하지만 이런 태도는 오히려 역효과만 가져온다.

   자신에 대한 정보를 상대에게 제대로 전달하지 않으면 친해지기 어렵다. 따라서 대화의 흐름을 파악해 상대와 비슷한 정도로 자신의 마음을 드러내야 한다. 서로 무슨 생각을 하는지 모르면 그 관계는 점차 멀어질 수밖에 없다.

❻ 인간관계의 무기, 칭찬

간혹 남을 칭찬하는 일을 거북하게 느끼는 사람이 있다. 업무를 좀더 원활하게 진행하고 싶다면 그런 부정적인 생각부터 바꿔야 한다.

칭찬과 아부는 엄연히 다르다. 아부는 상대의 비위를 맞추기 위해 내뱉는 마음에 없는 말이다. 평소 아부를 경멸하는 사람이라도 자신이 칭찬을 받으면 그다지 기분이 나쁘지는 않을 것이다.

사람은 누구나 타인에게 인정받고 싶어하는 욕구가 있다. 칭찬은 상대의 자존심을 세워줌으로써 기쁨을 안겨주는 행위다. 대부분의 사람은 남에게 칭찬을 받으면 그 사람에게 호감을 갖게 된다.

연간 수억 원을 벌어들이는 운동선수들도 자신의 집 응접실에 트로피, 상패, 상장 등을 장식해두곤 한다. 방문객에게 그 장식을 보여주려는 것도 자신의 능력을 높이 평가받고 싶어하는 심리의 표현이다.

서양인들은 '립 서비스(Lip Service)'라는 말이 생길 정도로 타인에 대한 칭찬을 아끼지 않는다. 오랜 세월을 함께 살아온 부부가 거의 매일 서로를 칭찬하는 광경도 흔히 접할 수 있다. 서양인들은 타인에 대한 칭찬을 일종의 에티켓으로 여기고 있기 때문이다.

그런데 동양인들은 남을 칭찬하는 데 서투르다. 본인 앞에서 직접 칭찬하는 것은 속이 빤히 들여다보이는 짓이라고 여겨 거북함을 느끼기 때문이다. 하지만 칭찬 한마디가 자신의 업무에 많은 영향을 미칠 수 있음을 명심해야 한다. 칭찬은 상대와의 관계나 사회생활을 원만하게 유지하기 위한 기술이자 무기라고 할 수 있다.

대부분의 사람은 호감을 갖는 상대의 말에 쉽게 귀를 기울인다. 그리고 그 사람이 약간 무리한 부탁을 하더라도 쉽게 받아들인다. 이처럼 칭찬은 상대에게 기쁨을 안겨줄 뿐만 아니라 자신의 입장을 유리하게 만들어주기도 한다.

그런데 누군가를 칭찬할 때는 직접 칭찬하기보다 제삼자를 통해 칭찬하는 편이 더 효과적이다. 이것을 '윈저(Windsor) 효과'라고 한다. 예를 들면 '아무개 과장은 어려울 때 여러 모로 의

지할 수 있는 듬직한 인물'이라는 식으로 본인이 없는 곳에서 제삼자에게 칭찬하는 것이다. 묘하게도 이런 이야기는 얼마 지나지 않아 반드시 본인에게 전해지게 돼 있다. 자신에 대한 좋은 평판을 듣고 불쾌하게 생각할 사람은 아무도 없다. 누구나 한 번쯤은 자신이 없는 자리에서 칭찬해준 상대에게 호감을 가져본 경험이 있을 것이다.

아무리 완고한 사람이라도 자기가 호감을 갖는 상대의 말에는 귀를 기울이게 마련이다. 또한 그의 의견이나 제안을 보다 쉽게 수용한다. 상대의 면전에 대고 직접 칭찬하기가 쑥스러운 사람도 이렇게 간접적으로 칭찬하면 더 큰 효과를 볼 수 있음을 기억해두자.

그리고 만약 상대가 당사자가 없는 자리에서 누군가를 칭찬하면 그 칭찬을 그 당사자에게 전해주는 것이 좋다. 험담을 전하면 전해주는 사람까지 미움을 받지만 좋은 이야기라면 그 말을 전해주는 사람에게도 감사하며 호감을 갖게 마련이다.

상사가 부하직원을 칭찬할 때도 제삼자 앞에서 칭찬하는 편이 훨씬 더 효과적이다. 부하직원에게 맡긴 일이 좋은 성과를 얻었을 경우, 대놓고 칭찬하면 그 자리에서는 기뻐하겠지만 효과는 오래 지속되지 않는다. 이런 경우는 제삼자에게 "그 업무는 A에게 맡겼는데, 그가 열심히 해준 덕분에 잘 끝났어"라고 이야기하는 것이 좋다. 그러면 제삼자에게도 '부하직원의 업적을 칭찬하는 아량이 넓은 상사'라는 좋은 인상을 심어줄 수 있기 때문이다.

❼ 때로는 아부도 필요하다

 어느 직장이든 상사를 칭찬할 줄 모르는 직원이 있다. 그런 사람은 결코 '유능한 직장인'이 되기 어렵다. 일단 상사의 마음에 들면 직장생활을 하는 데 여러 모로 유리하다. 무능한 사람이 칭찬하면 거북함을 느낄 수도 있겠지만, 유능한 사람이 칭찬하면 누구든 기뻐하게 마련이다. 이런 칭찬은 당신이 생각하는 것 이상으로 굉장히 큰 효과를 발휘한다. 특히 상대가 무능한 상사일수록 그 효과가 크다.
 한 심리학 실험에서 지배욕구가 강한 사람일수록 칭찬에 약하다는 결과가 나왔다. 실험 대상자에게 작업감독을 맡긴 뒤 자신을 칭찬한 종업원과 그렇지 않은 종업원에 대해 각각 평가를 내리도록 했다. 그 결과, 똑같이 일하고 비슷한 실적을 올렸음에

도 자신을 칭찬한 종업원을 높이 평가하는 편파판정을 내렸다.

한마디로 잘난 척하기를 좋아하는 무능한 상사일수록 칭찬 받기를 좋아한다. 또 아부도 칭찬으로 받아들이는 경향이 강하다.

하지만 실력이 뛰어나고 인생 경험이 풍부한 상사, 칭찬 받는 일에 익숙해진 사람에게는 마음에 없는 아부가 통하지 않는다. 그런 사람들은 칭찬하는 상대를 수상쩍게 여기며 오히려 불신감을 갖는다.

회사에 다니는 직장인이라면 누구나 자신이 진정으로 신뢰할 수 있는 상사를 만나고 싶어할 것이다. 하지만 현실적으로 자신이 원하는 이상적인 상사를 만나기란 쉽지 않다. 그렇다고 일에 의욕을 잃거나 절망감에 빠진다면 그것은 결국 자기 손해일 뿐이다.

원만한 직장생활을 원한다면 때로는 상사를 치켜세울 줄도 알아야 한다. 직책이 높은 상사일수록 부하직원이 자신을 우습게 여길지도 모른다는 불안감에 빠져들기 쉽다. 그런 상사에게는 부하직원의 칭찬 한마디가 큰 위안이 되기도 한다.

하지만 속이 빤히 들여다보이는 아부는 상대는 물론 주위 사람에게까지 경박한 인상을 심어줄 수 있다. 따라서 자신이 상대에 대해 정말 좋다고 생각하는 부분을 칭찬해야 한다.

❽ 원만한 인간관계를 유지하려는 노력을 하라

　일을 하다 보면 새로운 사람을 접할 기회가 많다. 그런데 한 번 만난 이후로 소식을 뚝 끊어버리면 첫 만남이 아무리 즐거웠어도 단 한 번뿐인 만남으로 끝나버린다.

　간혹 이곳저곳 부지런히 돌아다니며 명함을 내미는 사람도 있다. 이런 경우에도 알고 지내는 사람은 많아지겠지만 그 이상의 관계를 기대하기는 어렵다.

　사람들을 만나다 보면 오랫동안 친하게 지내고 싶은 상대를 만나는 경우가 이따금 있다. 그런 상대와 긴밀한 인간관계를 유지하기 위해서는 나름대로 노력이 필요하다. 다음은 그러한 인간관계를 유지할 수 있는 방법들이다. 자신의 인간관계를 체크하면서 살펴보기 바란다.

1. 때때로 당신 쪽에서 먼저 연락하는가?

"잘 지내니? 일은 좀 어때?"

이러한 가벼운 인사 정도라도 해두면 상대도 당신을 잊지 않고 기억해줄 것이다. 좀처럼 만날 기회가 없는 상대일지라도 때때로 편지나 이메일을 보내보자. 간단한 엽서도 상관없다.

연락하는 것 자체를 귀찮아하거나 필요하면 상대 쪽에서 연락할 것이라는 수동적인 자세는 피해야 한다. 자칫 인간관계가 끊어질 우려가 있다.

2. 고맙다는 인사는 빠뜨리지 않는가?

자신의 부탁을 들어주거나 식사를 대접해준 사람에게 고맙다는 인사를 빠뜨리지 않고 있는가?

당일이나 그 이튿날까지는 전화나 이메일로 상대에게 감사의 마음을 전해야 한다. 오랜만에 만난 상대와 헤어진 뒤에도 전화나 이메일로 '덕분에 즐거웠다'고 전해보자. 상대에게 좋은 인상을 심어줄 수 있을 것이다.

3. 가능하면 자주 만나려고 하는가?

식사나 술자리를 제안 받으면 흔쾌히 수락하는가?

파티나 이벤트에 초대 받는 경우에는 가급적 참가하는 것이 좋다. 그 자리에 참가하는 것이 상대의 체면을 세워주는 경우라면 더더욱 그래야 한다. 술자리도 되도록 참가하는 편이 좋다. 거절할 때는 그 이유를 설명하고 연락해준 데 대한 고마움을 전해야 한다. "이번에는 부득이하게 참석할 수 없지만 다음에는 꼭 참석하겠습니다"라고 말하면 상대는 다음 기회에 다시금 제안할 것이다.

계속 거절하거나 막판에 취소하거나 지각이 잦으면 상대도 그러한 제안을 하기가 어려워진다.

4. 감사의 마음을 전하고 있는가?

평소에 여러 모로 도움을 준 사람에게는 그가 기뻐할 만한 가벼운 선물을 전한다. 소모품이나 실용품 등 상대가 부담을 느끼지 않고 받을 수 있는 물건을 준비하는 것이 좋다. 명절이나 생일에 선물하는 것도 일종의 처세술이라고 할 수 있다. 이외에 평소에 식사를 대접하거나 가벼운 술자리를 마련하는 방법도 있다.

5. 상대에게 도움이 될 만한 일을 하고 있는가?

상대에게 도움이 될 만한 일이 있으면 가능한 범위에서 도와준다. 고민을 들어주거나 상대가 원하는 정보를 제공하는 등 폐를 끼치지 않는 범위에서 협력하면 된다.

상대에게 뭔가 도움을 받았을 때는 자신이 할 수 있는 범위에서 상대를 도와줘야 한다. 그때는 보답을 기대하지 말아야 한다.

남에게 인정을 베풀면 보답이 돌아오는 일이 종종 있다. 하지만 이런 보답에 익숙해지면 보답이 돌아오지 않을 때 힘들다. 애초부터 아무런 기대도 하지 않는 편이 오히려 마음 편할 수 있다.

이처럼 좋은 인간관계를 오래 유지할 수 있을지 없을지는 평소의 노력 여하에 달려 있다.

❾ 만날수록 더욱 친해지는 비결을 익혀라

똑같이 말하고 행동해도 호감을 주는 사람과 그렇지 못한 사람이 있다. 이런 문제는 상사, 부하직원, 동료, 거래처 등 다양한 인간관계에서 볼 수 있다. 그 차이는 어디에서 비롯되는 것일까? 이것은 자신이 상대에게 얼마나 호감을 갖느냐에 달려 있다.

누구나 자신이 좋아하는 상대의 말은 적극적으로 들어주고 긍정적으로 판단한다. 그리고 호감을 갖는 사람이 실수를 하면 너그럽게 봐주는 경향이 있다. '제 눈에 안경'이라는 인간심리도 그런 예에 속한다고 볼 수 있다.

사람마다 상대를 좋아하는 이유는 조금씩 다르겠지만 좋아하는 사람에게 친근함을 느끼는 것은 누구나 마찬가지다. 서로가 친하다고 느끼는 포인트로 다음 두 가지를 들 수 있다.

접촉빈도

자주 만나다 보면 서로 친하다고 느낀다. 실험 대상자에게 전혀 모르는 사람의 사진을 보여주고 인상을 묻는 실험에서도 사진을 보여주는 횟수가 많을수록 호감지수가 높게 나타났다.

사람은 낯선 상대에게 경계심을 품는다. 하지만 직장 동료나 같은 반 친구처럼 매일 얼굴을 대하며 대화를 나누면 상대에 대해 잘 알게 돼 경계심도 사라진다. 상대를 이해하면서 호감을 갖기도 쉬워진다. 가까운 거리에 있는 사람에게 쉽게 호감을 갖는 이유도 이런 법칙이 작용하기 때문이다. 우수한 영업사원이 고객과 잦은 만남을 갖는 것은 이러한 심리학적 배경이 작용하는 것이다.

상대에게 호감을 심어주려면 자신이 먼저 인사하거나 말을 거는 것이 효과적이다. 초면인 상대에게도 꾸준히 연락하거나 만나는 횟수를 늘리면 서로 친근감이 생겨 좋은 인간관계를 유지할 수 있다.

유사성

사람은 자신과 비슷한 상대에게 호감을 갖는다. 취미, 취향, 사고방식 등이 서로 비슷하다고 느끼면 그만큼 쉽게 친해진다.

자신과 비슷한 상대를 좋아하는 것은 심리적인 위안을 받기 때문이다. 마음이 맞는 사람과 함께 있으면 즐겁고, 그 상대가 자신의 생각이나 의견에 공감해주면 안심이 된다. 그리고 동료의식까지 생겨 상대와 일체감을 느낄 수도 있다.

또한 어느 정도 서로에 대해 알게 되면 상대의 행동도 예측하기 쉬워진다. 상대의 관심사가 무엇이고 어떤 일에 기뻐하는지 알 수 있게 된다. 또 상대의 생각이나 느낌도 쉽게 이해할 수 있다.

첫 만남에서 자신을 제대로 어필하는 것도 중요하지만, 상대와의 관계를 유지하려는 노력도 대단히 중요하다. 스스로 노력하지 않으면 상대와의 인간관계는 오래 지속되지 않는다. 호감을 느끼는 사람이 있으면 수시로 연락해 자주 만나야 한다. 그리고 가능한 한 상대와 많은 공통점을 찾아내 화제로 삼아보자.

취미가 같다면 함께 취미생활을 즐길 수도 있다. 음악이 취미라면 상대가 좋아하는 장르나 노래를 물어보고 CD나 잡지를 교환할 수도 있다. 경우에 따라서는 음악회나 콘서트를 함께 관람할 수도 있다.

자주 만날수록 친근감은 더해지게 되고 상대와 가까이 있는 것만으로도 호감을 얻을 가능성이 커진다. 물론 그 사람이 곤란한 상황에 처했을 때 도와주면 더 큰 호감을 얻을 수 있다.

체크리스트 1

즐거운 기분으로 일하고 있는가?

자신이 평소에 어떻게 처신하는지 체크해보자. 체크한 결과에 따라 어드바이스를 참고해 자신의 행동 및 습관을 개선하자.

1. 직접 만나면 시간 낭비가 많기 때문에 되도록 이메일이나 전화로만 이야기한다.

☐ yes ☐ no

어드바이스 사람은 접촉빈도가 높은 상대를 좋아하게 된다. 상대와 친해질 필요가 있다면 수시로 만나서 대화하자.

2. 상사에게 아부하기보다는 실력으로 인정받고 싶다.

☐ yes ☐ no

어드바이스 유능한 부하직원에게 칭찬을 들으면 어떤 상사든 기뻐하게 마련이다. 실력이 비슷하다면 상사를 기쁘게 하는 부하직원이 사랑 받게 될 것이다. 아양을 떠는 것은 보기에 좋지 않지만, 상황에 따라 상사를 기쁘게 한다는 점에서는 긍정적인 행동으로 생각할 수 있다.

3. "당신이니까 하는 말인데" 라는 말을 자주 듣는다.
　　　　　　　　　　　　　　　□ yes　□ no

어드바이스 세상에는 자기를 알아주길 바라는 사람이 허다하다. 그렇기 때문에 남의 말을 잘 들어주는 사람 주위에는 자연히 사람이 많이 모인다. 능력 있는 사람은 남의 말을 잘 들어준다.

4. 내가 말을 걸기보다 다른 사람이 내게 먼저 말을 거는 경우가 많다.
　　　　　　　　　　　　　　　□ yes　□ no

어드바이스 그저 사무적으로만 연락하고 있다면 생각을 바꿔라. 유능한 사람일수록 자신이 먼저 상대에게 접근한다. 자신이 직접 나서는 것을 싫어하는 사람은 업무영역을 확장하기 어렵다.

5. 남들이 생각하는 나와 내가 생각하는 나는 차이가 많다.
　　　　　　　　　　　　　　　□ yes　□ no

어드바이스 자기 자신을 정확히 파악하는 사람은 그만큼 유리하다. 자신의 장단점을 자각하고 있으면 상황이나 상대에 따라 적절하게 대응할 수 있기 때문이다. 자신에 대한 인식과 타인의 관점에서 본 자신의 인식에 차이가 있는 사람은 자신을 객관적으로 바라볼 필요가 있다.

6. 내가 농담으로 한 말에 상대가 화를 내는 경우가 많다.

□ yes □ no

어드바이스 상대와의 친분이 어느 정도인지 정확히 깨닫지 못한다면 친해지려는 행동이 역효과를 낳을 수도 있다. 상대와 친해지고 마음이 통하려면 평소에 관계를 유지하기 위한 노력을 기울여야 한다.

7. 재미있는 사람으로 여겨지고 싶어서 상대보다 말을 많이 한다.

□ yes □ no

어드바이스 이야기를 나눌 때는 우선 상대가 자신에게서 듣고 싶어하는 것이 무엇인지 알아야 한다. 말을 잘하는 사람은 상대의 이야기를 자기가 하는 이야기의 두 배 이상 들어준다. 자신의 이미지는 상대의 이야기를 충분히 들어줄 때 비로소 상대에게 제대로 전달된다.

2장

너무나도 쉽게
'Yes'를 얻어내는 '그'

똑같은 말을 해도 통하는 사람과 통하지 않는 사람이 있다.

자신이 무슨 말을 하든지 상대가 '예스'라고 대답하고 싶어 할 정도로 신뢰감을 얻어야 업무를 원활하게 처리할 수 있다. 이것은 능력이나 운의 차이가 아니라 사소한 커뮤니케이션의 차이에서 비롯된다.

무조건 상대의 비위를 맞추는 데서 그치는 것이 아니라 자신의 능력을 확실하게 어필해 유능한 사람으로 각인시키는 커뮤니케이션이 필요하다. 이런 능력이 뛰어난 사람은 주위 사람들이 편하게 일할 수 있도록 배려하면서 자신의 업무를 순조롭게 진행한다. 무슨 일이든 척척 해내는 사람은 대부분 이런 사이클을 유지하고 있다.

그렇다면 직장상사, 동료, 부하직원, 거래처 등과 같이 자신과 직접 관련이 있는 사람들에게는 어떤 식으로 접근해야 할지 생각해보자.

❶⓿
먼저 비난하고
나중에 칭찬하라

칭찬을 능숙하게 하는 요령은 이야기의 순서를 아는 것이다. 미국의 심리학자인 애런슨(Elliot Aronson)과 린더(Darwyn Linder)는 사람들에게 다음과 같은 네 가지 형태의 이야기를 들려주고 각각에 대한 반응을 조사했다.

A — 처음부터 끝까지 계속 칭찬한다.
B — 처음에는 칭찬하다가 나중에 비난한다.
C — 처음에는 비난하다가 나중에 칭찬한다.
D — 처음부터 끝까지 계속 비난한다.

이 중에서 상대에게 가장 나쁜 인상을 심어준 것은 칭찬하다가 비난하는 B였다. 그리고 가장 호감지수가 높은 것은 C였다. 처음부터 끝까지 칭찬한 A는 언뜻 보면 상대가 좋아할 것 같지만 사람들은 왠지 아부하는 느낌을 받았다. 따라서 그다지 좋은 인상을 심어주지는 못했다. 그에 비해 처음에 비난하다가 나중에 칭찬하는 C의 말에는 객관성이 느껴져 진실하게 들린다. 그리고 나중에 보거나 들은 것이 강한 인상을 남긴다는 점도 관계가 있다.

이처럼 처음에는 그다지 좋지 않게 이야기하다가 서서히 칭찬하는 쪽으로 돌아서는 것이 처음부터 칭찬하는 것보다 호감을 주기 쉽다. 특히 상대가 조심성이 많은 타입이라면 이 방법이 효과적이다.

"과장님하곤 업무에 대한 사고방식이 서로 다르지만 실행력이 뛰어난 분이라 존경하고 있습니다."

"아무개 씨는 대충대충 넘어가는 것처럼 보여도 사실은 무척 세심한 사람입니다."

이처럼 날카롭게 비평한 뒤에 칭찬하는 것이 좋다. 그리고 여기에 구체적인 내용을 덧붙이면 신빙성을 더해줄 수 있다.

"과장님은 부하직원에게 상당히 엄격한 분이라고 생각했습니다. 하지만 남이 보지 않는 곳에서는 무척 감싸주더군요."

이런 말은 상대에 대해 그만큼 깊이 이해하고 있다는 것을 어필하는 셈이다. 이 말 한마디로 상대와의 심리적 거리감도 좁힐 수 있다.

❶❶ 조목조목 짚어서 칭찬하라

앞서 칭찬하는 요령에 대해 다뤘다. 그럼 구체적으로 어떻게 칭찬하는 것이 효과적인지 그 포인트를 살펴보도록 하자.

1. 진심으로 좋게 생각하는 부분을 칭찬한다.

마음에도 없는 아부는 거짓말을 하는 것과 마찬가지로 부정적인 인상을 심어준다. 섣부른 아부를 하느니 차라리 말하지 않는 편이 낫다.

진심에서 우러난 칭찬은 상대에게 자연스럽게 전해지는 법이다. 상대의 장점을 발견하면 정말 훌륭하다는 생각으로 칭찬해 보자.

2. 구체적으로 칭찬한다.

"정말 훌륭하군요" "대단하군요" "역시 다르군요"와 같이 막연하게 칭찬하면 안 된다. "지난번 설명회는 정말 훌륭했습니다. 좋은 평가를 받은 것도 당연한 일이지요"라든지 "당신은 그런 일도 잘하는군요. 저도 좀 배우고 싶습니다"와 같이 구체적으로 칭찬한다.

반대로 자신이 칭찬을 받았을 때도 그것이 진심에서 우러난 칭찬인지 다른 꿍꿍이가 있는 아부인지 판단하는 기준이 된다. 구체적인 사실을 바탕으로 한 내용인가 아닌가 구분해보면 알 수 있다. 거짓으로 칭찬하는 말은 불확실하고 자신감이 없기 때문에 애매하고 추상적인 표현이 많다.

더 나아가 상대에 대한 존경심이나 신뢰감을 어필할 때는 이런 방법을 써보자. "지난번 회의에서 발표하신 의견이 많은 도움이 됐습니다. 그리고 아직 제 공부가 부족하다는 것을 깨달았습니다. 역시 평소에 그런 문제의식을 갖고 계신 분은 다르군요." 이런 식으로 자신을 낮추고 상대를 높이 평가하면 좋은 결과를 얻을 수 있을 것이다.

3. 상대가 평소에 노력하는 사항이나 관심사, 혹은 자부심을 느끼는 부분을 칭찬한다.

"언제나 멋지시네요. 그 셔츠 색깔도 센스가 좋고요. 옷은 주로 어디서 사세요?"

"아뇨, 그렇지도 못해요. 이건 ○○에서 샀는데요."

이처럼 상대가 환한 얼굴로 대답할 수 있는 내용이 좋다. 이를 위해서는 상대가 무엇에 관심이 있는지, 무엇에 자신감을 갖는지, 무슨 말을 하고 싶어하는지 파악해야 한다.

4. 남들 앞에서 칭찬한다.

남들 앞에서 칭찬 받으면 단둘이 있을 때보다 더 큰 만족을 느끼게 된다. 지나치게 과장해 칭찬하면 상대가 부담을 느낄 수 있으므로 자연스럽게 해야 한다. 주위 사람들이 반감을 갖지 않도록 어느 정도 공감할 수 있는 내용으로 칭찬하는 것이 좋다.

5. 최적의 타이밍을 노린다.

시도 때도 없이 무턱대고 칭찬하면 '아첨꾼'으로 여겨져 오히려 역효과를 낳을 수 있다. 웬만해서는 남을 칭찬하지 않는 사람이 누군가를 칭찬할 때 진실성이 느껴지는 법이다. 그러므로 남을 칭찬할 때는 최적의 타이밍을 노려야 한다.

적당한 칭찬은 상대를 만족시키고 호감을 얻을 수 있는 지름길이다. 칭찬하는 습관과 요령을 익혀두면 자연히 타인의 장점에 눈을 돌리게 된다.

12
접대용 인사말의
실체를 파악하라

칭찬은 상대를 기쁘게 할 뿐만 아니라 자신의 입장을 유리하게 만드는 수단이기도 하다. 그 때문에 칭찬이 종종 사교를 위한 접대용 인사말로 사용되기도 한다.

"젊어 보이시네요"라는 말도 그중 한 가지다.

사람은 누구나 나이가 들면 체력이 떨어지고 기억력이 감퇴하면서 스스로 나이를 먹었다는 사실을 실감하게 된다. 젊게 보인다는 말이 기분 좋게 들리는 것은 이미 나이를 먹었다는 증거인 셈이다.

특히 여성의 경우 피부가 노화되면 아름다움을 잃게 된다는 두려움을 갖고 있다. 여성에게 몇 살로 보이냐는 질문을 받으면 대부분의 남성들은 조금 젊게 이야기할 것이다. 외모로 판단해 대답한 나이가 실제 나이보다 많다면 상대의 기분을 상하게 할 수 있다. 그리고 실제 나이에 맞게 정확히 대답하면 상대가 실망할 수 있기 때문에 조금 낮추어서 대답하는 편이 무난하다. 실제 나이를 물어본 후에 "굉장히 젊어 보이네요" "전혀 그 나이로 보이지 않아요"라고 치켜세우면 대부분의 사람들이 환한 표정을 짓는다.

어느 남자미용사의 말에 따르면 예의상 젊게 보인다고 말하지만 90퍼센트 이상은 실제 나이를 정확히 맞출 수 있다고 한다. 아무리 메이크업, 미용, 의상 등으로 젊게 꾸며도 피부의 탄력이라든지 손등이나 목주름은 감출 수 없기 때문이다.

그럼에도 대부분의 여성은 젊어 보인다는 말을 듣고 기뻐한다. 그렇다고 10대나 20대 초반의 젊은 여성에게 젊어 보인다고 말하는 사람은 거의 없다. 그런 여성들에게 있어 젊어 보인다는 말은 곧 젊지 않다는 말이나 마찬가지이기 때문이다.

또 한 가지 "마음이 젊으시군요"라는 칭찬이 있다. 나이가 들었어도 마음이 젊은 사람은 밝고 활기차게 지낸다. 이런 사람에게 마음이 젊다고 말하는 것은 '정신 연령만은 아직도 젊다'는 의미가 된다. 이런 식으로 칭찬에 포함된 의미까지 파악하도록 하라.

나는 '도움이 되는 사람'인가

사교의 첫걸음은 상대가 당신을 다시 만나고 싶도록 만드는 것이다. 만날 때마다 서로 그렇게 생각한다면 두 사람의 관계는 오래 지속될 수 있다. 그러므로 만날 때는 되도록 즐겁게 대화해야 한다.

편안하게 대화하는 것도 중요한 포인트다. 인간관계는 이른바 거울과 같다. 한쪽에서 상대를 경계하거나 위에 올라서려고 하면 상대도 똑같이 대한다. 그러므로 겸손한 태도로 자신을 솔직히 드러내야 한다.

또한 대화할 때 이야기를 잘 들어주면 상대는 만족하고 다시 만나고 싶어한다.

초면이라면 업무나 취미 등과 같은 평범한 화제가 무난하다.

본격적으로 이야기를 나누기 전에 가벼운 농담을 던진다든지 자신의 사소한 실패담을 이야기하면 긴장감이 수그러들어 이야기를 나누기 편안한 분위기가 된다.

그리고 상대의 직업, 업적, 평판, 근무처, 출신지, 가족 사항, 취미, 기호 등을 미리 조사해두면 직접 대화를 나누게 됐을 때 화제로 이용할 수 있다.

상대의 취미나 관심사에 대해 넌지시 질문하면 대화를 쉽게 이끌어갈 수 있다. 자신에 대해 자세히 알고 있다는 것은 그만큼 관심이 있다는 말이 되므로 상대도 기분이 좋아져 이야기를 좀 더 나누고 싶어진다. 그리고 대화를 통해 상대에게 들은 내용을 기억해두면 다음에 만났을 때 다시 써먹을 수 있다.

대화에서는 대개 말하는 쪽보다는 듣는 쪽이 주도권을 쥐고 있다. 상대에 대한 정보를 모으면 그의 장단점을 알 수 있기 때문에 이야기를 들어주는 것이 여러 모로 유리하다.

대화할 때는 되도록 긍정적이고 부드러운 말을 사용하는 것이 좋다. 그리고 이야기를 들으면서 상대가 무엇을 원하는지 파악할 필요도 있다. 가령 상대가 고민을 털어놓는 경우에 단지 이야기를 듣고 위로해주기만을 바라는지, 아니면 구체적인 조언을 원하는지 파악해 그에 걸맞게 행동해야 한다.

상대를 존중하고 공감하고 이해하려는 자세도 중요하다. 상대의 입장을 생각하며 이야기하면 상대 역시 편하게 이야기할 수 있어 서로의 친근감이 증폭된다. 이와 더불어 상대에게 필요한 정보를 제공하면 그는 당신을 도움이 되는 사람으로 인식하게 된다.

심리학에는 '심리적 부담효과'라는 말이 있다. 사람은 누구나 대차관계를 균형 있게 유지하려는 의식이 있다. 그 때문에 사소한 심리적 부담을 느끼게 되면 상대에게 빚을 갚아야 한다는 감정이 생겨난다. 무의식적으로 이런 균형을 유지하기 위해 상대도 당신에게 필요한 정보를 제공해주는 경우가 적지 않다. 정보가 아니더라도 다급할 때 도와주거나 당신을 높게 평가해줄 수 있다.

이처럼 대화할 때는 상대에게 즐거움을 주거나 도움이 되겠다는 마음으로 이야기를 들어주는 것이 바람직하다.

❶❹ 변명하지 말고 사과하라

　우리는 종종 실수를 저지른다. 이런 경우에는 실수한 내용보다 실수에 대응하는 자세가 중요하다.
　직장상사에게 꾸중을 들었을 때 잘못을 인정하지 않고 장황하게 변명하거나 불평하는 것은 좋지 않다. 이는 결국 상사에게 부정적인 이미지만 심어줄 뿐이다. 이와 반대로 자신의 잘못을 순순히 인정하면 꾸중하는 상대에게 호감을 얻을 수 있다. 그렇기 때문에 상대가 자신의 실수를 꾸짖으면 우선 사과하고 그 다음에 자신의 의견을 이야기하는 것이 좋다.
　업무를 그르쳤을 때 잘못을 인정하고 그 원인을 분석하는 사람은 다음에 똑같은 실패를 반복하지 않는다. 자신의 잘못을 인정하지도 반성하지도 않는 사람은 실패의 원인을 모르기 때문에 똑같은 실패를 반복할 가능성이 크다.

물론 사과하는 자세와 더불어 사과한 뒤의 대응 방법도 중요하다.

예를 들어 누군가와 만나기로 약속했는데 정해진 시간보다 늦게 나갔다고 치자. 기다린 상대에게 정중히 사과하고 식사라도 대접하면서 미안한 마음을 전해야 한다. 그래야 그가 더 이상 불만을 갖지 않을 것이다.

우리는 자신도 모르는 사이에 타인에게 상처를 주는 경우가 있다. 자신이 무심코 내뱉은 말 때문에 상대가 기분이 상했다면, 곧바로 사과하고 그 이유를 묻는 것이 좋다. 모르는 척하며 그냥 지나치면 어색한 관계가 될 수도 있다.

또한 서로 의견이 다를 때는 상대가 충분히 납득할 수 있도록 설득하는 것이 바람직하다. 상대의 말을 무조건 부정하거나 억지로 자신의 의견을 관철시키려는 행동은 결국 마이너스 평가로 이어지게 마련이다.

자신에게는 아무런 잘못이 없는데도 상대가 꾸짖을 경우에는 그 문제점에 대해 차분하게 이야기를 나누는 것이 좋다. 사과하면 만사가 조용히 끝날 것이라고 생각해 잘못하지도 않았는데 무조건 사과한다면 마음속에 불필요한 불만이나 스트레스가 쌓이게 된다.

❶❺ 밝은 표정으로 웃으며 인사하라

인사는 커뮤니케이션의 기본이다. 우리는 상대에게 좋은 인상을 심어주기 위해 복장이나 차림새에만 신경을 쓰는 경우가 많다. 하지만 첫인사를 제대로 하지 못하면 말짱 헛일이다. 첫 만남에서는 상대나 상황에 맞춰 인사해야 한다.

직장에서는 밝고 활기찬 목소리로 정중하게 인사한다. 물론 가까운 친구 사이라면 편안한 말투로 스스럼없이 인사할 수도 있다. 윗사람이나 거래처 사람과 인사할 때는 상대보다 머리를 깊이 숙이는 것이 예의다. 눈이 마주치면 자신이 먼저 큰 소리로 인사하자. 헤어질 때나 식사 대접을 받았을 때도 인사는 기본이다.

인사할 때는 시선, 자세, 목소리 등에도 신경을 써야 한다. 밝은 얼굴로 쾌활하게 인사하면 상대도 호감을 갖는다. 미소는 상대의 마음을 부드럽게 만들고 친근감을 더해주는 중요한 요소라고 할 수 있다.

밝고 명랑한 사람은 업무나 사생활에도 충실해 보여 상대에게 호감을 얻기 쉽다. 표정이 밝은 사람은 그 주변의 분위기까지 밝게 만들어 어디에서든 환영을 받는다. 그에 비해 무뚝뚝한 표정, 우울한 표정, 화난 표정으로 있는 사람은 주변의 분위기까지 어둡게 만든다. 자신이 인상을 찡그리고 있으면 상대도 똑같이 찡그린 표정으로 대응하게 마련이다.

웃음은 전신의 긴장을 풀어주고 마음을 편안하게 만드는 효과가 있다. 그리고 면역세포를 생성시켜 질병까지 예방해주니 건강에도 좋다. 고민이나 스트레스를 품고 있으면 표정이 어두워지기 쉽다. 그런 때일수록 밝은 표정을 짓는 것이 좋다.

'병은 마음에서 생겨난다'는 말처럼 감정은 신체에 영향을 미친다. 따라서 환하게 웃으면 몸도 마음도 건강해지는 것이다.

웃음은 본인뿐만 아니라 타인에게도 행복감을 안겨준다. '웃으면 복이 온다'는 말처럼 표정이 밝으면 남들이 나에게 쉽게 다가올 수 있다. 사람이 많이 모여들면 그만큼 좋은 기회도 많이 생겨난다. 게다가 건강에도 좋으니 웃음은 여러 모로 효과적인 명약이다.

❶❻ 감사의 말은 애정표현이다

　상대와 즐거운 시간을 보내고 헤어지거나 무엇인가 선물을 받았다면 전화해서 감사의 마음을 전하라. 상대에게 좋은 인상을 심어줄 수 있는 절호의 기회다.
　누구나 식사를 대접해도 고맙다고 말하기는커녕 음식에 대한 불평만 늘어놓고, 선물을 보내도 아무런 연락이 없는 사람과는 친분을 쌓고 싶은 생각이 들지 않게 된다.
　물론 식사를 대접하거나 선물을 하는 것은 그저 정성을 나타내거나 친분이 있기 때문이다. 따라서 그러한 것에 대해 반드시 답례를 해야 하는 것은 아니다. 그래도 누구든지 고맙다는 말을 들으면 기분이 좋아지는 법이다. 인간관계에 있어서는 이런 사소한 마음 씀씀이가 그 사람의 인상을 좌우하기도 한다는 점을 알아야 한다.

식사를 대접 받으면 헤어질 때 "잘 먹었습니다"라고 말하고 나중에 감사 전화나 이메일을 보내자. 뭔가 도움을 받으면 "정말 많은 도움을 받았습니다"라고 감사의 마음을 전하자. 당연한 일이지만 이렇게 하느냐 하지 않느냐에 따라 상대가 자신에 대해 느끼는 인상은 크게 달라진다.

첫 만남에서 밝은 얼굴로 "이렇게 뵙게 돼 정말 기쁩니다"라고 말하면 상대도 호감을 갖게 마련이다. 여기서 만남의 기쁨은 말뿐만이 아니라 표정이나 태도로 함께 나타내는 것이 좋다.

"제가 이 자리까지 오게 된 것도 모두 당신이 격려해준 덕분입니다."

"이렇게 도와주셔서 늘 감사하게 생각하고 있습니다."

이런 식으로 감사의 마음을 전하면 누구나 기뻐할 것이다. 대부분의 사람들은 상대와 어느 정도 친해지면 굳이 말로 표현하지 않아도 알 것이라고 생각하고 그냥 넘어가는 경향이 있다. 하지만 감사의 말을 듣고 기뻐하지 않을 사람은 없다.

"좀 힘들긴 하지만 자네가 늘 곁에 있어서 열심히 일할 수 있네."

"내 고민을 들어줘서 고마워. 늘 그렇게 조언해주니까 얼마나 고마운지 몰라."

이런 말은 상대가 자신에게 가치 있는 존재임을 밝히는 일종의 애정표현이기도 하다. 직접 얼굴을 맞대고 말하기가 쑥스러운 사람은 편지나 이메일 등으로 대신 그 마음을 전하는 방법을 생각해보기 바란다.

17
도와주고
보답을 기대하는 것은
어리석은 짓이다

애인이 헤어지자고 하면 '이제껏 그렇게 잘해준 나를 배신했다'고 생각하며 줬던 선물들을 되찾으려는 사람이 있다. 이렇듯 자신이 배신당했다고 느끼는 것은 상대에게 그만큼 큰 기대감을 품고 있었기 때문이다. 마음 한구석에 '내가 이렇게 해줬으니까 너도 나에게 그만큼 해줘야 해'라는 기대심리가 있는 것이다. 그런데 상대가 자신의 기대대로 행동하지 않자 분노와 배신감을 갖게 된다.

이와 비슷한 예로 "지금까지 여러 모로 잘 돌봐줬는데 왜 아무런 감사의 표시가 없는 거야"라고 말하는 사람도 있다. 상대에게 뭔가를 해줬다는 식의 말 속에는 상대를 조종하려는 의도가 숨어 있다.

상대를 위해 해준 것이기는 하더라도 상대가 꼭 자신이 원하는 대로 보답해주기를 바라면 안 된다. 설령 상대가 부탁한 일이었다고 해도 도와준 것은 자신의 최종적인 판단에 의한 행동이다.

사람은 누군가를 도와주면 은근히 보답을 기대하게 된다. 그러나 일방적으로 기대하다 보면 자신과 상대의 생각 차이로 불만이 생긴다. 이런 불만이 쌓이면 두 사람의 관계가 틀어질 수도 있다. 따라서 친절을 베풀 때는 보답을 바라지 않는 편이 서로의 관계를 유지하는 데 도움이 된다. 상대가 부담을 느끼지 않을 정도로 자신의 능력에 맞춰 도와주면 상대를 원망하게 될 일도 없다.

감사의 마음을 나타내는 방법은 사람에 따라 조금씩 다르다. 감사하고 하지 않고는 상대의 기분에 따른 것으로 내가 강요할 수는 없다. 간혹 상대로부터 자신이 기대한 만큼의 반응이 없으면 예의가 없다며 화를 내는 사람이 있다. 그러면 상대는 오히려 반발하게 된다. 결국 도와주고도 지금껏 잘 쌓아온 자신의 이미지에 흠집을 내는 결과를 초래하게 될 뿐이다.

✓ 체크리스트 2

당신의 대인관계는 원만한가?

자신이 평소에 어떻게 처신하는지 체크해보자. 체크한 결과에 따라 어드바이스를 참고해 자신의 행동 및 습관을 개선하자.

1. 만만하게 여겨지고 싶지 않아서 일할 때는 별로 웃지 않는다.

　　　　　　　　　　　　□ yes　□ no

어드바이스 늘 굳은 표정으로 지내면 사람이든 정보든 모여들지 않게 된다. 말을 걸고 싶어질 정도로 밝은 분위기를 띠는 사람은 여러 모로 이익을 본다는 점을 기억하라. 이것은 업무 성과에도 큰 영향을 미친다.

2. 어떻게 칭찬하면 상대가 좋아하는지 알고 있다.

　　　　　　　　　　　　□ yes　□ no

어드바이스 노골적으로 칭찬하면 거북함을 느끼는 사람도 많다. 이런 유형의 사람을 칭찬하려면 그 사람이 기뻐할 만한 것이 무엇인지 평소에 체크해두자.

3. 고맙다는 말을 하기가 어색하다.
　　　　　　　　　　　　　　　□ yes　□ no

어드바이스 부하직원이나 후배가 '기어오르면 곤란하다'고 생각해 엄하게 대하지는 않는가? '가는 말이 고와야 오는 말이 곱다'는 말처럼, 자신이 먼저 긍정적인 태도로 대하면 분명 그들도 나에 대해 호감을 갖고 잘 따라줄 것이다.

4. 아침에는 싫은 사람에게도 상쾌한 기분으로 인사한다.
　　　　　　　　　　　　　　　□ yes　□ no

어드바이스 상대가 인사를 받아주지 않으면 기분이 좋지 않다는 이유로, 혹은 괜히 친한 척하는 것 같아 싫다는 이유로 하루 종일 인사를 하지 않는 사람이 있다. 하지만 인사를 받고 기분 나쁘게 생각할 사람은 아무도 없다. 인사를 잘하는 습관을 들이자.

5. 내가 도와준 만큼 되돌아오지 않으면 공연히 화가 난다.
　　　　　　　　　　　　　　　□ yes　□ no

어드바이스 상대가 내 기대에 미치지 못하는 행동을 하는 것에 대한 분노는 그대로 쌓아두면 건강에 해롭다. 뿐만 아니라 업무에도 지장이 막대하다. 자신이 도와줬다는 것을 상대가 자연스럽게 깨닫도록 하라. 그리고 설령 자신에게 그 대가가 돌아오지 않더라도 그것은 상대가 미숙하기 때문이라고 생각하고 기대감을 버려라. 그것이 최선이다. 좀더 나은 사람이 남을 돕는 것은 당연한 일이다. 보답이 없다고 화를 낸다면 상대와 똑같은 수준에 머무를 수밖에 없다.

6. 남을 칭찬하면 왠지 접대용 멘트가 돼 오히려 곤란해
   진다.
   □ yes   □ no

어드바이스 누구에게든 자기 나름의 특기나 장점이 반드시 있다. 평소에 상대의 그런 점을 잘 관찰해둬라. 그리고 칭찬을 할 때든 업무에 있어서든 적절한 상황에 그런 점을 적절히 이용하라.

7. 자신을 '유능한 사람'이라고 어필하기가 쑥스럽다.
   □ yes   □ no

어드바이스 무리하게 자신의 능력을 과시하면 역효과를 낳는다. 하지만 적당하게 자신을 어필하는 일은 필요하다. 평소에 상대가 무엇을 원하는지 파악해 효과적으로 자신을 어필할 방법을 찾아라.

3장

늘 많은 사람들에게 둘러싸인 '그'

매력적인 사람은 주변에 모여드는 사람들이 많다. 비즈니스에서는 상대에게 도움이 된다는 것 자체가 매력이다. 이를테면 유익한 정보를 제공하거나 상대를 즐겁게 만들어주는 것도 매력으로 볼 수 있다. 훌륭한 인맥을 형성하고 유지하는 사람은 자신이 무엇을 갖고 있는지, 다른 사람에게 어떻게 도움이 되는지 스스로 잘 알고 능숙하게 자신을 어필한다. 그렇기 때문에 사람들이 모여드는 것이다. 이러한 인맥은 일단 확장되기 시작하면 순식간에 크게 불어난다. 질을 높이는 건 그 다음이다.

비즈니스뿐만 아니라 모든 사교적인 관계는 '기브 앤드 테이크(give and take)'로 이루어져 있다. 자신이 줄 수 있는 것 이상을 타인에게 기대할 수 없고, 기대해서도 안 된다. 따라서 처음에는 자신이 상대보다 좀더 많이 주는 것이 좋다. 그리고 기브 앤드 테이크 관계를 잘 유지하면 된다.

상대가 무엇을 원하는지 파악해 그에 맞게 대응하는 것이 관계 유지 방법이다. 여기에 자신의 캐릭터를 조화롭게 첨가시키는 것이 가장 바람직하다. 이번 장에서는 이러한 상황들을 어떻게 파악해야 하는지 살펴보도록 하겠다.

18 만남을 인맥으로 발전시켜라

　비즈니스의 범위가 좀처럼 넓어지지 않는 사람이 있다. 하지만 타인을 만날 기회는 누구에게나 공평하게 주어진다. 만남을 인맥으로 발전시키고 비즈니스에도 활용할 수 있는지 없는지는 마음가짐에 따라 결정된다. 정말로 만나고 싶은 마음이 있는지, 그 만남을 얼마나 소중히 여기는지에 따라 달라진다는 말이다.

　자신의 주위를 살펴보라. 평소에 서로 인사하며 지내는 사람들이 꽤 많을 것이다. 설령 얼굴만 알고 지내는 사이라도 가볍게 말을 건네며 잡담을 나눌 정도의 상대는 많이 있을 것이다.

　"요즘엔 꽤 덥네요."
　"네, 정말 그러네요."

그런 사람들과는 이런 식의 인사부터 시작해 가벼운 대화를 나눌 수 있다. 지금은 친구로 지내는 사람들도 처음에는 서로에 대해 전혀 모른 채 가벼운 인사나 잡담으로 대화를 나누면서 친분을 쌓았을 것이다. 그리고 다음에 만났을 때 또 다른 화제를 꺼내 더욱 친밀도를 높여왔다. 대부분의 사람들은 그런 만남을 통해 조금씩 서로를 알게 돼 친한 사이로 발전한다.

말이 서투르거나 대인관계가 원만하지 못한 사람들은 대개 자신이 먼저 말을 걸거나 연락하기를 꺼리는 경향이 있다.

"생판 모르는 사람한테 어떻게 말을 걸지?"

"괜히 친한 척하는 것 같아서 싫어."

"상대가 이상하게 생각하면 어떡하지?"

이런저런 생각에 자신이 먼저 말을 걸지 못한다. 이런 상태에서는 결코 원만한 대인관계를 기대하기 어렵다. 커뮤니케이션 능력은 여러 사람들과의 많은 인간관계를 통해 발전하는 것이다.

재미있는 사람이나 인생경험이 풍부한 사람에게서는 배울 점도 많다. 그런 만남의 기회를 불안감, 긴장, 부끄러움 등으로 포기하는 것은 어리석은 행동이다.

만남의 기회를 늘리려면 남들과 대화할 기회를 적극적으로 만들어야 한다. 그리고 자신이 먼저 말을 걸어야 한다. 파티나 모임과 같이 사람들이 많이 모이는 장소에 나가보고 틈날 때마다 전화를 하자. 그리고 좀더 알고 싶고 친해지고 싶은 상대가 있다면 연락처를 물어보고 다음에 만날 약속을 받아내자.

  친해지고 싶지 않은 상대라도 실제로 대화를 나눠보면 의외의 모습을 발견할 수도 있다. 까다로워 보인다는 선입견 때문에 먼저 접근하기가 어려운 사람도 직접 대화를 나누다 보면 그렇지 않다고 생각이 바뀔 수도 있다.

  자신과는 다른 생각이나 의견에 귀를 기울이면 그만큼 시야가 넓어져 좀더 다각적이고 객관적인 시각으로 사물을 바라볼 수 있게 된다. 자신의 생각과 맞지 않는다고 단정 지어 결론을 내리지 말자. 상대하기 어려운 그 사람이 바로 자신을 성장시켜줄 사람이라고 생각하고 접근해보면 좋은 결과를 얻을 수 있을 것이다.

  낯선 사람과 만나 사귀게 되면 그 사람의 친구, 가족, 동료와도 자연스럽게 인맥이 형성된다. 그리고 여러 사람과 만나면 그만큼 기회도 많아지게 돼 있다. 그렇게 형성된 인맥은 자신이 성장할 수 있는 발판이 되고 또 자신을 변화시킬 수 있는 계기가 된다.

  대인관계가 원만한 사람은 타인과의 만남을 소중히 여긴다. 타인과 만날 기회를 자주 만들고 그 만남을 즐길 수 있다면 더욱 풍요로운 인생을 살아갈 수 있다.

19
폭넓은 인맥을 형성하기 위한 다섯 가지 포인트

처세에 능하고 세상을 잘 살아가는 사람들은 대부분 발이 넓다. 그래서 누군가가 도움을 요청하면 그와 관련된 일을 하는 사람에게 대신 물어보거나 직접 소개해준다.

행운이나 기회도 사람을 통해 찾아오는 경우가 많다. 많은 사람을 알고 있으면 그만큼 행운이나 기회를 잡게 될 가능성도 높아진다. 이러한 인맥은 돈으로 살 수 없는 소중한 재산이다.

폭넓은 인맥을 형성하는 방법은 여러 가지가 있다. 간혹 명함만 주고받은 이들까지 인맥으로 생각하는 사람들이 있다. 하지만 얼굴을 알거나 함께 일한 적이 있다고 해서 모두 인맥이라 할 수는 없다. 진정한 인맥은 역시 곤란할 때 서로 도울 수 있는 사람이어야 한다.

여기서는 인맥을 형성하는 다섯 가지 포인트에 대해 알아보도록 하겠다.

1. 대인관계의 네트워크를 넓히고 있는가?

인맥을 넓히는 지름길은 인맥이 넓은 사람과 친해지는 것이다. 같은 부서의 동료뿐만 아니라 다른 부서 사람들과도 평소에 인사하며 지내다 보면 예상 밖의 정보를 얻을 수 있다.

물론 외부 사람들과도 교류가 있어야 한다. 직업, 성별, 연령, 생활방식이 달라 평소에 그다지 접할 기회가 없던 사람들과 자주 만나는 기회를 갖자. 공통적인 취미나 경험이 있다면 지위나 연령에 상관없이 좀더 쉽게 인간관계를 형성할 수 있다.

그리고 사내 모임, 지역 모임, 동호회 모임, 스포츠 모임, 연구회, 동창회, 결혼식, 파티 등에도 적극적으로 참가하자. 때로는 여행을 통해 새로운 사람을 만날 수도 있다.

인터넷은 무한한 커뮤니케이션 공간이다. 취미 관련 사이트에서 정보를 교환하거나 정기모임에 참가하는 등 적극적으로 활동해 대인관계의 폭을 넓힐 수도 있다.

2. 사람이 많이 모인 곳에서는 초면인 사람에게도 적극적으로 말을 걸어보자.

누군가가 먼저 말을 걸어올 것이라는 수동적인 자세로는 모처럼의 만남을 제대로 활용할 수 없다. 앞에서도 이야기했지만, 관심 있는 상대에게는 적극적인 자세로 먼저 말을 걸도록 노력해야 한다.

3. 상대가 거부감을 느끼지 않는 범위에서 최대한 자신을 어필하라.

자연스럽게 자신을 내세워 상대에게 좋은 인상을 심어주자. 자신만의 전문분야를 갖추어 장점을 만들기 위한 노력도 필요하다. 그리고 "모르는 것이 있으면 언제라도 물어보십시오"라며 자신감 있게 말해보자. 자신의 능력을 발휘할 수 있는 기회를 조금이라도 많이 만들어둬야 한다.

4. 항상 자신을 업그레이드시키자.

업무 이외의 지식이나 경험이 많으면 화제도 풍부해진다. 이야깃거리를 많이 갖고 있으면 상대가 누구든 즐겁게 대화할 수 있다. 이를 위해 평소에 독서나 여행 등으로 자신의 견문을 넓히도록 하자.

5. 최신정보 수집을 게을리 하지 마라.

평소에 신문이나 잡지 등을 꼼꼼히 체크하자. 상대에게 제안할 수 있는 화제나 아이디어의 힌트가 될 만한 정보를 수집하는 것이다. 그렇게 함으로써 자신이 상대에게 도움이 되는 사람이라는 것을 깊이 인식시킬 수 있다. 더 나아가 인간적인 친밀도를 높이는 데도 도움이 될 것이다.

⑳ 성실함을 무기로 삼아라

　여성에게 인기 있는 남성은 어떤 타입일까? 키가 크고 외모도 멋지고 말재주가 좋은 사람이라고 대답하는 사람이 많을 것이다. 하지만 사실은 성실한 사람이 가장 인기가 좋다.

　아무리 바빠도 자주 전화하고 데이트를 신청하는 남자, 세심한 부분까지 신경 써주며 수시로 칭찬하는 남자, 자신의 고민을 잘 들어주고 함께 걱정하는 남자, 생일이나 기념일에 잊지 않고 카드나 선물을 보내는 남자. 이처럼 성실한 남자가 여성들에게 인기 있다.

　여성들은 자기 이야기를 잘 들어주고 이해해주고 소중히 여기며 자상하게 대해주는 남성을 좋아하게 된다. 자주 연락하는 것은 '항상 당신을 생각하고 있다'는 메시지를 전달하는 것이기도 한다.

　이것은 비단 남녀 사이뿐만 아니라 비즈니스의 인간관계에도 그대로 적용된다.

　이쪽에서 연락하는 경우는 있어도 상대로부터 연락이 오는 경우는 없다. 편지나 이메일을 보내도 거의 답장이 없다. 무엇인가를 제안해도 거절하는 경우가 많다. 이런 상황이 반복되면 '아무리 연락해도 반응이 없는 사람'으로 여겨져 인간관계가 끊어지고 만다. 반응이 늦는 사람들 중에는 소심하거나 게으른 타입이 많다.

　"갑자기 전화하면 상대한테 폐가 되지 않을까 염려돼 연락할 수 없다."

　"어떤 식으로 말해야 할지 잘 모르겠다."

　"전화하거나 이메일을 보내기가 귀찮다."

　"남들하고 같이 있으면 피곤하다."

　당신은 혹시 이런 이유로 수동적인 자세를 취하고 있지는 않은가.

　상대가 그 사람에게 상당한 매력을 느끼고 있다면 끈기 있게 연락할 수도 있지만, 그렇지 못하다면 자연히 사이가 멀어진다. 모처럼 알게 된 상대에게 늘 소극적으로 대응하면 상대도 점점 더 연락이 뜸해지게 된다. 결국에는 인간관계가 끊어지고 만다.

　미국의 심리학자인 자이언스(Zajonc)가 제시한 이론 중에 '단순접촉의 원리'라는 것이 있다.

　실험 대상자들에게 어떤 사람의 사진을 1번, 10번, 25번으로 각각 횟수를 구분해 보여줬다. 그 뒤 그 인물에 대해 평가하도록 한 결과, 보여주는 횟수가 많을수록 호감지수도 높아졌다. 결국 만남의 횟수가 늘어날수록 상대에게 친근감을 느끼게 되고 호감지수도 높아지는 것이다.

　성실한 남성이 인기를 얻는 것도 이 '단순 접촉의 원리'가 작용했기 때문이다. 자주 만나면 상대가 자신에 대해 친근감이나 호감을 갖기 쉬워진다.

　첫 만남에서 아무리 좋은 인상을 심어주더라도 그후에 소홀히 대하면 관계를 유지하기 어렵다. 비즈니스에서도 거래처를 자주 방문하거나 전화 또는 이메일로 상대와 접촉할 기회를 자주 만들어야 한다.

㉑ 상대에게 신뢰감을 주는 열 가지 포인트

　인간관계의 기본은 신뢰다. 비즈니스에서도 상대에 대한 호감보다 신뢰가 중요하다. 서로 신뢰한다면 업무 목표를 달성하기도 쉬워지고 좋은 인간관계를 오래도록 유지할 수 있다.
　상대에게 신용을 얻는 것이 그만큼 중요하다. 하지만 그렇다고 처음 만난 사람에게 무턱대고 자신을 믿어달라고 할 수도 없는 노릇이다.
　신뢰는 하루아침에 생겨나는 게 아니다. 평소에 상대가 믿음을 가질 수 있도록 처신하지 않으면 결코 신뢰 받기 힘들다. 여기서는 신뢰를 얻기 위한 요소를 체크해보기로 하자.

1. 책임감을 가져라.

비즈니스라면 주어진 업무나 임무를 정확히 완수해야 한다. 그리고 스스로 판단하고 행동한 결과에 대해 책임질 수 있어야 한다.

2. 약속을 지켜라.

만일 약속을 도저히 지킬 수 없게 됐을 경우는 최대한 빨리 상대에게 그 사실을 전해야 한다.

3. 마음을 열어라.

허풍을 떨거나 허세를 부리지 말고 거짓 없이 진실하게 상대를 대해야 한다.

4. 성실하게 대하라.

자신의 이익을 위해 거짓말로 상대를 속이거나 이용하지 말아야 한다.

5. 평정을 잃지 않도록 하라.

항상 정신적으로 안정된 상태를 유지하고 어떠한 상황에서든 자신의 감정을 잘 조절할 수 있어야 한다.

6. 자신을 올바르게 평가하라.

비현실적인 이상을 좇지 말고 자신의 소질, 능력, 성격 등을 객관적으로 평가하라.

7. 때, 장소, 상황에 맞게 행동하라.

장소에 어울리는 복장을 갖추고 조신하게 행동하고 함부로 남의 이야기를 하지 않아야 한다.

8. 마음의 여유를 가져라.

아무리 힘든 일이 있더라도 자신감을 잃지 않는 마음의 여유를 가져야 한다. 그런 자세로 생활하면 가족관계, 친구관계, 비즈니스와 관련된 대인관계를 원만하게 유지할 수 있다.

9. 진취적인 사고를 가져라.

인생의 목표, 삶의 보람, 희망을 갖고 생활하라. 간혹 상황이 악화되는 경우가 있어도 긍정적인 사고로 사태를 원만하게 수습하도록 하라.

10. 자기 자신을 신뢰하라.

자신을 신뢰하지 못하면 그 누구에게도 결코 신뢰를 얻을 수 없다.

②② 상대에게 '특별한 사람'이 돼라

　상대에게 '특별한 사람'으로 여겨지려면 어떻게 해야 할까? 한 심리학자가 다음과 같은 실험을 실시했다.
　초면인 대학생을 10명씩 두 개의 그룹으로 나눈 후 한 가지 주제로 이야기를 하게 했다. 그리고 개개인에게 다음 두 가지 사항을 추측하도록 했다.

― 그룹의 멤버에게 품고 있는 좋은 감정과 나쁜 감정
― 각각의 다른 멤버가 자신에 대해 품고 있을 것이라고 생각하는 좋은 감정과 나쁜 감정

　그 결과 상대에 대한 자신의 감정과 상대가 자신에 대해 갖고

있는 감정은 거의 일치했다. 그리고 자신에 대해 품고 있을 것이라 추측한 감정과 상대가 실제로 갖고 있는 감정도 일치하는 경우가 많았다.

사람은 자신에 대해 호의적으로 생각하는 사람에게는 호감을 품는다. 반대로 싫어하거나 나쁘게 평가하는 사람에게는 좋지 않은 감정을 갖게 된다. 이것을 '감정의 상응'이라고 한다.

특히 남녀관계에서는 이러한 감정의 상응이 두드러진다. 평소에 좋아하지도 싫어하지도 않던 남성이 사랑을 고백했을 때 마음이 기울어져 사귀게 됐다는 여성도 적지 않다. 자신을 좋아한다는 말을 듣고 불쾌하게 생각할 사람은 없다.

상대에게 조금이라도 좋은 인상을 심어주려 애쓰는 사람은 많다. 하지만 그보다 중요한 것은 자신이 상대를 좋아하려고 애써야 한다는 점이다. 자신이 상대를 좋아하면 상대 역시 자신을 좋아하게 되기 때문이다.

비즈니스에서도 상대에게 호감을 얻는 가장 빠른 방법은 상대를 좋아하는 것이다. 상대를 좋아하게 되면 사소한 말이나 행동에도 그러한 마음이 나타나게 되고 상대도 호감을 갖게 된다.

23 주는 만큼 받는 균형감각을 유지해라

앞서 언급한 것처럼 인간관계는 '기브 앤드 테이크(give and take)'가 기본이다. 세상의 모든 일을 보수(욕구 충족과 가치 실현)와 비용(시간이나 노력)으로 생각하는 '사회적 교환 이론(social exchange theory)'이라는 용어가 있다. 심리학자 켈리(Kelly)의 이론에 따르면 사람은 보수와 비용의 차이가 크면 클수록 만족지수도 크다고 한다.

직장을 예로 들어보자. 그 사람의 능력이나 업무 성취도를 금전, 승진, 상여금 등의 보수와 교환하는 것이다. 인간관계에서도 물질이나 심리적 교환이 이루어진다. 돈, 선물, 정보 제공이나 협조, 친절, 양보 등을 서로 교환하는 것이다. 이것도 일종의 거래라고 할 수 있다.

사람은 누구나 자신의 이익을 우선시한다. 자신의 이익만을 내세우고 남들의 이익은 도외시하는 이기주의자들도 간혹 있다. 이런 사람들은 받는 만큼 주려고 하지 않는다. 그저 받기만 하고 주지 않는다면 신용을 얻지 못하게 된다. 그 정도가 지나치면 남에게 미움을 받을 수도 있다. 눈앞의 손익에 연연하면 결과적으로 손해를 보게 되는 경우가 많다.

이와 반대로 자신은 손해를 보더라도 타인에게 이익을 주려는 이타주의자들이 있다. 이들은 자신의 이익보다는 타인의 이익을 위해 힘쓴다. 그리고 무슨 부탁이든 흔쾌히 들어준다. 이런 경우에는 타인을 도와준다는 심리적 보수는 있지만, 자신이 손해를 본다는 불만을 느끼게 되면 자칫 스트레스로 이어질 수 있다.

어느 한쪽이 일방적으로 뭔가를 얻거나 혹은 주기만 하는 관계는 오래 지속되기 어렵다. 그렇기 때문에 원만한 인간관계를 유지하기 위해서는 '기브 앤드 테이크'의 관계가 가장 바람직하다.

일본의 농업 행정가인 니노미야 손토쿠(二宮尊德, 1787~1856)는 이렇게 말했다.

"모든 장사는 파는 사람도 기쁘고 사는 사람도 기뻐야 한다. 파는 사람만 기쁘고 사는 사람이 기쁘지 못하면 올바른 장사가 아니다. 대차 역시 꿔주는 사람도 기쁘고 꾸는 사람도 기뻐야 한다."

이처럼 서로의 입장을 존중해 자신에게도 도움이 되고 상대에게도 도움이 되는 상호적인 관계를 맺어야 서로 만족감을 얻을 수 있다.

비즈니스에서는 자신이 가진 것을 제공하는 대가로 인맥을 넓힐 수도 있다. 그 일을 통해 알게 된 거래처나 고객과 전문적인 기술·경험을 공유할 수 있는 인적 네트워크를 형성하는 것이다.

요즘에는 오랜 불황으로 각 기업들이 나름대로 타개책에 고심하고 있다. 심지어는 구조조정을 실시하는 곳도 있다. 회사에서 받는 금전적인 보수만으로는 더 이상 살아남기 어려운 시대가 된 것이다. 이런 상황에서 전직, 재취업, 창업을 생각한다면 외부의 인적 네트워크를 얼마만큼 형성했는지 여부가 그 사람의 장래를 결정한다. 물론 인맥을 형성해 오랫동안 잘 유지하고 있는 경우라도 '기브 앤드 테이크'의 상호적인 관계는 대단히 중요한 요소다.

24 상대에게 무엇을 제공할 수 있는지 생각하라

'기브 앤드 테이크'란 자신이 갖고 있는 것과 상대가 갖고 있는 것을 교환한다는 뜻이다. 하지만 무엇을 교환하든 상관없다는 말은 아니다. 자신이 필요한 것을 상대가 갖고 있고 상대가 필요한 것을 자신이 갖고 있을 때 비로소 거래가 성립한다. 이를 위해서는 자신이 상대에게 무엇을 제공할 수 있는지를 항상 염두에 둬야 한다.

이런 경우에 참고할 수 있는 것이 심리학자 프렌치와 레이븐(French & Raven)의 연구자료다. 그들은 사람에게 영향을 미치는 기본적인 사회적 세력을 보수세력, 강제세력, 정당세력, 전문세력, 참조세력, 정보세력으로 분류하고 있다.

보수세력

상대의 명령에 따르고 보수를 받는다. 고용주와 직원의 관계가 이에 해당된다.

강제세력

어떠한 일에 대한 명령과 복종관계가 성립된다. 상사와 부하직원의 관계가 이에 해당된다.

정당세력

집단규범이나 사회규범을 바탕으로 정당한 세력을 갖는다. 교사와 학생의 관계가 그러하다. 다만 교사의 말을 학생이 납득했을 경우에만 해당된다.

전문세력

전문적인 지식을 갖고 있는 사람의 지시는 쉽게 받아들여진다.

참조세력

존경하는 인물이나 이상적인 인물과 동일화하려 한다. 매력적인 사람이나 호감을 갖고 있는 사람이 접근하면 쉽게 받아들이게 된다.

정보세력

상대가 원하는 정보를 제공할 수 있다.

전반적으로 볼 때 가장 바람직한 것은 상대가 원하는 무엇인가를 자신이 갖고 있는 것이다. 물론 상대가 그것의 가치를 높게 평가해야 한다는 것이 전제 조건이다.

상대가 자신보다 윗사람인 경우에는 전문세력이나 정보세력을 활용하는 것이 좋다. 전문성을 키워 상대에게 존경받는 존재가 되거나 상대에게 유익한 정보를 제공하는 것이다. 또한 다른 인재나 인맥을 소개하는 방법도 생각해볼 수 있다.

어쨌든 어느 한쪽이 일방적으로 요구하거나 강요해서는 안 된다. 상대가 무엇을 갖고 있는지를 생각해보고, 또 자신이 상대에게 무엇을 제공할 수 있는지도 생각해야 한다.

②⑤
약간은 손해를 봐도 괜찮다는 생각으로 행동하라

바람직한 인간관계를 형성하려면 우선 상대에게 호감을 얻어야 한다. 그런데 상대의 마음을 사로잡고 호감을 갖게 하려면 어떻게 해야 할까?

심리학에 '친화동기(親和動機)'라는 말이 있다. 심리학자 머레이(Murray)의 이론에 따르면 '자기편인 사람, 즉 자신과 비슷하거나 자신에게 호감을 지닌 사람에게 협력하고 서로 애정을 주고받으며 가까워지려 노력하는 것'이라고 한다. 한마디로 타인과 관계를 맺고 유지하려는 본능적인 동기를 말한다.

누구든지 자신에게 호감을 가진 사람을 좋아하게 마련이다. 그리고 어려울 때 자신을 도와주는 상대에게 호감과 신뢰감을 갖게 된다. 자신의 득실을 따지는 것도 중요하다. 하지만 그런 이해관계를 떠나 타인을 위해 무엇인가를 해주면 그만큼 좋은 기회도 많이 생긴다.

대화할 때는 상대의 말을 들어주고 상대의 입장을 배려해야 한다. 또 상대가 무엇인가를 의논하거나 부탁하면 자신의 능력이 되는 범위에서 최대한 응해주도록 하자. 물질적으로는 아무런 이득을 얻지 못할 수도 있다. 하지만 친절을 베풀어 상대가 기뻐하면 그만큼 심적인 만족감을 얻을 수 있다. 또한 타인에게 무엇인가를 해주는 행위를 통해 자신에게 여유가 있음을 확인할 수도 있다.

상대의 이익을 위해 행동하면 머지않아 자신에게도 그에 상응하는 이익이 돌아온다. 하지만 눈앞의 작은 손익에 얽매이는 사람은 그리 큰 이익을 기대하기 어렵다. '뿌린 대로 거둔다'는 말처럼 타인에게 베푼 친절은 언젠가 자신에게 되돌아오게 마련이다.

삶의 최종적인 목표는 자신도 행복해지고 타인도 행복해지는 것이다. 이를 위해서는 가능한 한 자신이 상대보다 약간 손해를 본다는 마음가짐과 자세가 필요하다.

내가 상대에게 무엇인가를 해주면 상대도 내게 다른 무엇인가를 줄 가능성이 높다. 사람은 상대가 친절을 베풀면 어떤 형태로든 갚아야 한다는 생각을 하게 되기 때문이다. 이것은 좋은 대인관계를 오래도록 유지할 수 있는 요령이기도 하다.

❷❻ 꾸준히 연락하고 지내는 것도 능력이다

 당신은 상대를 소중한 친구로 생각하지만 상대는 단순히 아는 사이 정도로만 생각하는 경우가 많다. 상대가 당신과의 관계를 얼마나 소중히 생각하는지는 평소의 행동을 살펴보면 대충 알 수 있다.
 상대의 마음을 알아내는 포인트로는 다음 세 가지를 들 수 있다.

1. 자신을 드러내 보이는 경우
 상대가 당신에게 얼마나 이야기하는지 살펴보면 알 수 있다. 앞서 말했듯이 사람은 호감이나 신뢰감을 갖고 있는 상대가 자신에 대해 좀더 잘 알아주기를 바란다. 이런 자기 개방에는 자신의 결점이나 고민과 같은 부정적인 내용도 포함돼 있다. 자신이 상대에 대해 알고 있는 정도는 상대가 자신을 생각하는 가치와 비례한다.

또한 상대가 당신에 대해 호의적으로 평가하는 말을 얼마나 하는지도 판단의 기준이 된다. 언제나 자기 얘기만 하고 당신의 고민이나 질문을 제대로 들어주지 않는다면 당신에게 신뢰감이나 존경심을 갖고 있지 않다고 볼 수 있다.

2. 만남을 위해 투자하는 시간의 정도

당신의 요구에 대해 상대가 얼마나 양보해주는지를 살피는 것이다. 예를 들어 약속을 지키지 않거나 갑자기 취소하는 경우가 많고 부탁할 일이 있을 때만 연락하는 사람이 있다. 그리고 이쪽에서 뭔가를 제안하면 바빠서 만날 시간이 없다는 식으로 거절하기 일쑤다. 하지만 바쁘다는 것은 핑계일 뿐, 사실은 귀찮은 것이다. 특별히 시간이 남아돌지 않는 한 바쁜 것은 피차 마찬가지다.

아무리 바빠도 전화를 하거나 이메일을 보낼 정도의 시간은 있다. 정말 만나고 싶다면 얼마든지 시간을 낼 수 있다. 단지 저 사람이라면 대충 넘어갈 수 있다는 느긋한 사고방식 때문에 연락을 하지 않는 것뿐이다.

그런데 이처럼 아무런 응답이 없는 상대의 무심한 태도에 일일이 민감하게 반응하다 보면 공연히 스트레스만 쌓이게 된다. 따라서 상대에 대한 지나친 기대감을 버리고 가벼운 마음으로 기다리는 편이 서로의 관계를 유지하는 데 도움이 된다. 무엇보다 중요한 것은 사소한 일에 신경 쓰지 말고 상대를 있는 그대로 받아들일 수 있는 넓은 아량을 갖는 것이다.

3. 만남의 지속성

만남이 지속적으로 이루어지는지 생각해보면 된다. 업무나 생활환경이 바뀌면 사람도 바뀌게 마련이다. 하지만 그래도 마음만 있으면 얼마든지 연락할 수 있다. 환경의 변화에 따라 이전에 만났던 사람들과의 관계에 소홀해지는 사람은 오랜 친분을 그다지 중요하게 생각하지 않는 타입이다. 비록 환경이 바뀌더라도 상대가 공백을 느끼지 않도록 변함없이 지속적으로 만나는 것이 바람직하다.

상대에게 100% 완벽한 모습을 요구하면 자연히 불만이 생겨날 수밖에 없다. 서로가 결점이 있는 미완성 인간이라고 생각하고 관대한 자세로 보듬어줄 수 있어야 한다.

✓ 체크리스트 3

당신은 신뢰할 만한 사람인가?

자신이 평소에 어떻게 처신하는지 체크해보자. 체크한 결과에 따라 어드바이스를 참고해 자신의 행동 및 습관을 개선하자.

1. 이메일을 받으면 반드시 답장한다
☐ yes   ☐ no

어드바이스 하루에 여러 통의 이메일을 받으면 미처 답장을 보내지 못하는 경우가 있다. 상대는 그 사실을 잊지 않는다. 대인관계가 원만한 사람은 예외 없이 타인의 연락에 민감하게 반응한다. 상대가 보낸 이메일에는 반드시 답장을 보내도록 하자.

2. 성실하게 사람을 사귀는 편이다.
☐ yes   ☐ no

어드바이스 소극적인 태도는 대인관계에 큰 장해가 된다. 초면인 상대와 친해지고 싶다면 적극적으로 접근하자. 그렇지 않으면 명함만 교환하고 마는 관계로 끝날 가능성이 크다. 성실하고 진지한 자세는 사람을 사귀는 데 필요한 기본적인 조건이다.

3. 간사 업무나 행사의 사회를 맡는 경우가 많다.
□ yes □ no

어드바이스 어떤 모임을 이끌어간다는 것은 사람들에게 인정받고 있다는 증거다. 이런 역할을 자주 맡게 되면 자연스럽게 주위로 사람이 모이게 된다. 기회가 있다면 적극적으로 그런 역할을 맡도록 하자.

4. 남에게 도움을 받는 일에 민감하게 반응한다.
□ yes □ no

어드바이스 조심스러운 성격일수록 상대에게 직접적으로 보답을 요구하는 경우가 드물다. 그런 상대는 마음의 상처를 입지 않도록 더욱더 세심하게 배려해야 한다. 또한 상대의 배려에 민감하게 대처하고 그 이상의 것을 선사하는 습관도 들일 필요가 있다.

5. 상대의 이야기가 거짓말이라고 생각하는 경우가 많다.
□ yes □ no

어드바이스 주위로부터 신뢰받는 사람에게는 누구든 함부로 거짓말하기가 어려운 법이다. 사람들이 자신을 신뢰할 수 있도록 처신하자.

6. 초면인 사람과는 대화하기가 어렵다.
□ yes □ no

어드바이스 초면에 실수하지 않으려고 지나치게 애쓰는 사람이 있다. 하지만 세상에서 실수하지 않는 사람은 없다. 상대가 무엇을 원하며 자신이 무엇을 해줄 수 있는지를 확인하는 자리라면 사소한 일에 신경 쓰지 말고 자연스럽게 대화하도록 하자.

7. 자신에게는 타인이 관심을 가질 만한 부분이 있다.
□ yes □ no

어드바이스 사람은 상대에게 관심이 없으면 떠나게 마련이다. 자신이 무엇을 갖고 있는지 수시로 돌아보고 체크하자. 그리고 자신이 상대에게 제공할 수 있는 전문적인 능력과 지식을 꾸준히 쌓도록 하자.

4장

항상 능력보다
더 인정 받는 '그'

유능하다는 말을 듣는 사람과 그렇지 못한 사람의 능력은 그다지 큰 차이가 없다. 중요한 것은 사고방식이 다르다는 점이다. 일이든 인생이든 모든 것은 타인과의 관계 속에서 존재한다. 당신이 상대를 도와주면 상대도 당신을 도와주게 될 것이다.

유능한 사람은 결코 어수룩하지 않다. 유능한 사람일수록 흐름에 휩쓸리지 않는 강한 성격을 지니고 있다. 이처럼 경우에 따라서는 자신의 소신을 굽히지 않는 것이 유능한 사람으로서 갖추어야 할 조건이다. 사람을 끌어당기는 매력과 자신의 생각을 관철시키는 능력을 동시에 유지할 수 있는 방법을 찾아보자.

27
상대의 이야기를 잘 듣는 사람이 자신의 의사도 잘 표현한다

업무에서 좋은 성과를 내는 사람은 대부분 대인관계를 원만하게 유지하는 나름의 비법을 갖고 있다. 한마디로 처세술이 뛰어나다. 그러한 처세술은 커뮤니케이션 능력에서 비롯된다. 커뮤니케이션의 기본적인 기술로는 다음과 같은 것을 들 수 있다.

1. **자신의 생각이나 감정을 상대에게 적절히 전달한다.**
자기표현이나 주장 등을 적절히 내세우는 기술이 있어야 한다. 그러기 위해서는 올바른 태도(표정, 자세, 복장)로 자신의 기분을 상대에게 정확히 전할 수 있어야 한다. 그리고 상황에 맞게 대화를 잘 이끌어가도록 하자.

커뮤니케이션이란 인간이 의사나 감정을 상대에게 전달하는 것이다. 인간의 대화에는 언어적인 커뮤니케이션(말의 내용)과 비언어적인 커뮤니케이션(표정, 몸짓, 자세, 동작, 음성)이 있다. 상대의 말이나 주장을 곧이곧대로 받아들이는 사람은 커뮤니케이션에 서투른 사람이다. 그 뒤에 감춰진 내용을 분석해 상대의 상황이나 감정을 파악하는 것이 커뮤니케이션 기술이다.

2. 상대의 이야기나 의견을 경청한다.

상대의 이야기를 경청하면 그 사람의 감정은 물론, 상대가 어떤 사람인지도 이해할 수 있게 된다. 남의 마음이나 의도를 이해하는 능력이 발달한 사람은 자신의 의사를 정확히 표현하는 능력도 함께 발달한다.

3. 대인관계의 갈등에 대처한다.

상대의 입장이나 상황을 잘 파악해 그에 맞게 행동하자. 그리고 타인과의 갈등을 적절히 처리할 수 있는 처세술을 터득하자. 사회생활에 필요한 기술을 익힌 사람이 그렇지 못한 사람보다 타인과의 갈등이 적고 주위 사람들과 원만하게 지낸다. 사회적인 처세술을 익히지 못한 사람은 상황에 따라 적절하게 자신을 표현할 수 없다. 따라서 원만한 대인관계를 유지하기도 어렵다.

말이 서투르거나 자기표현 능력이 부족한 사람은 자신의 의사를 상대에게 제대로 전달할 수 없다. 뿐만 아니라 자기 이야기만 하고 상대의 이야기는 듣지 않게 된다. 이는 결국 괜한 오해를 불러일으켜 서로의 관계가 어색해지고 당사자는 고독감에 휩싸이게 된다. 이런 유형의 사람일수록 남들에게 잘 속거나 이용당하는 경우가 많다.

②⑧ 상대의 부탁을 거절하는 것도 능력이다

상사가 당신에게 어려운 업무를 맡겼다고 치자. 그런데 그 업무에 들이는 시간이나 노력에 비해 기대할 수 있는 성과가 지나치게 작다면 어떻게 하겠는가?

— 상사의 지시를 거역하지 않고 순순히 받아들인다.
— 그 업무를 맡지 않겠다고 분명하게 거절한다.
— 나중에 다른 누군가에게 부탁할 수 있는 일이라면 받아들인다.

일반적으로 유능한 사람은 요령이 좋다고 한다. 많은 시간과 노력을 들이더라도 아무런 보답이 없을 듯한 일이 주어지면 다른 사람에게 슬쩍 떠넘기곤 한다. 이로 인해 주위 사람들에게 반감을 사는 경우도 있다. 하지만 제대로 평가받지 못할 일에 자신의 소중한 시간과 노력을 쏟는 것은 부질없는 짓이라고 생각하는 경향이 강하다.

요령이란 어떤 일의 포인트가 되는 중요한 부분을 말한다. 요령이 좋은 사람은 중요한 것과 중요하지 않은 것을 구분해 목표를 좁힐 수 있다. 이를 바탕으로 어떤 상황에 자신의 능력을 쏟아야 하는지를 잘 알고 있다. 그리고 자신이 원하는 바가 무엇인지, 그것을 위해서는 어떻게 해야 하는지도 분명히 파악하고 있다. 자신에게 어떤 능력과 장점이 있고 무엇이 부족한지를 냉정하게 파악하는 자기 인지력을 갖춘 것이다. 또 자신을 둘러싼 주위 환경을 파악하는 능력 역시 뛰어나다.

무엇을 어떻게 해야 할지 알고 있으면 감정이나 행동을 조절하기가 쉬워진다. 기회라고 판단되면 과감히 실행하고 무리라고 판단되면 깨끗이 포기한다. 다가설 때와 물러날 때를 잘 알고 있는 것이다.

이런 사람은 스스로 자신의 상황에 맞게 주변 환경을 바꾸기도 한다. 그리고 그것이 여의치 않을 때는 자신의 사고방식을 바꾼다. 상사가 이런 타입의 부하직원에게 업무를 맡길 때는 형식적인 이유보다는 정말로 신뢰하기 때문인 경우가 많다.

대인관계도 이와 마찬가지다. 자신이 무엇을 원하는지를 정확히 알고 있으면 자신에게 도움이 될 만한 사람을 알아볼 수 있다. 그 사람과의 관계를 소중히 여기게 돼 인맥이 형성되는 것이다. 반면 그다지 도움이 되지 않는 사람과는 불필요한 갈등을 일으키지 않고 적당히 관계를 유지할 수도 있다.

사람들에게 호감을 주는 것도 좋다. 하지만 중요한 것은 미움 받지 않으려고 억지로 관계를 유지하려 애쓸 필요가 없다는 점이다. 커뮤니케이션 능력이 뛰어난 사람은 그런 부분에 대한 균형감각도 뛰어나다.

②⑨ 인상관리가 처세술의 첫 번째다

처세술이 뛰어나다고 하면 남을 잘 이용한다는 부정적인 이미지를 떠올리는 경우가 있다. 하지만 달리 생각해보면 그만큼 자신을 어필하는 능력이 뛰어나다는 뜻이다.

자기표현이나 자기주장은 사회생활에 필요한 기본적인 기술이다. 일반적으로 사람이 자신의 의사나 감정을 표현할 때는 언어뿐만 아니라 몸짓이나 표정 등과 같은 동작을 통해 전달한다.

처세술이 뛰어난 사람은 풍부한 표현방법으로 상대에게 호감이나 신용을 얻는다. 초면인 사람에게는 밝은 미소로 친근감을 준다. 대화를 나눌 때는 부드러운 표정으로 상대의 눈을 바라보며 이야기한다. 이렇게 미소를 지으며 시선을 맞추는 것은 신뢰관계를 형성하는 데 있어 아주 중요한 요소다.

밝은 미소는 붙임성 있고 친해지기 쉽고 우호적이고 자상한 사람이라는 긍정적인 인상을 심어준다. 이와 반대로 무표정하거나 찡그린 표정은 냉정하고 까다로운 사람이라는 부정적인 인상을 갖게 한다.

첫인상은 그 뒤의 관계에도 많은 영향을 끼친다. 첫 대면에서 상대에게 좋은 인상을 심어주면 일단은 상대의 호감을 얻을 수 있다. 또 신뢰할 수 있는 사람이라고 생각하게 만들어준다.

상대의 이야기를 들을 때도 맞장구를 치거나 놀란 표정을 지어 보이거나 우스갯소리를 섞어가며 대답해보자. 그저 묵묵히 듣는 것이 아니라 다양한 반응을 보여주면 대화가 한결 부드러워진다.

상대의 이야기를 들을 때는 자연스럽게 자신을 어필해 유능한 존재로 생각하게끔 만든다. 그리고 그 상황과 상대의 처지를 정확히 파악해 유연하게 대응할 필요도 있다. 그러면 자신과의 관계에 맞게 이야기를 정리할 수 있다. 경우에 따라서는 상대와 적당한 거리를 유지할 수도 있다.

주위에서 자신을 어떻게 보는지 끊임없이 의식하며 타인의 눈에 좋게 비치려 노력하는 행위를 '인상관리'라고 한다. 일상적인 만남에서 보여주는 동작, 표정, 말투, 상대와의 거리감각 등과 같은 인상관리를 어떻게 하느냐에 따라 커뮤니케이션 능력이 결정된다.

이런 인상관리를 제대로 하기 위해서는 사회적 기술이 필요하다. 이것은 '셀프 모니터링(self monitoring)'과도 밀접한 관계가 있다.

셀프 모니터링이라는 개념은 심리학자인 슈나이더(Schneider)가 처음으로 주장했다. 이를테면 자신이 현재 어떤 상황에 있는지 이해하고 자신의 말이나 행동이 그 상황에 적절한지 관찰해 제어하는 것을 말한다. 한마디로 자신을 포함한 주변 상황을 객관적으로 관찰해 적절하게 행동하는 것이다.

이러한 셀프 모니터링에는 개인차가 있다. 셀프 모니터링 능력이 뛰어난 사람은 자신이 처한 상황이나 대면하는 상대에 따라 접근방법, 화제, 행동 등을 자유자재로 바꾼다. 상황 변화에 민감해 자신과 상대를 포함한 현재 상황을 객관적으로 바라볼 수 있기 때문에 가능하다. 이러한 능력이 뛰어난 사람일수록 인상관리 능력도 뛰어나다.

그렇지만 셀프 모니터링 능력이 부족한 사람은 타인의 시선이나 처해 있는 상황에 신경 쓰지 않는다. 뿐만 아니라 자신의 행동을 객관적으로 바라보지도 못한다. 이 때문에 상황에 맞지 않는 행동을 하거나 무례하게 이야기하는 경우가 많다. 다시 말해 남을 의식하지 않고 자기 생각만 하는 사람이다.

주위 사람들과 잘 어울리지 못하는 사람, 남을 배려할 줄 모르는 사람, 남의 이야기를 듣지 않는 사람, 자신이 좋아하는 것에만 흥미를 보이는 사람, 자기 방식만 고집하는 사람, 협동심이 없고 분위기 파악 못하는 사람, 상대의 기분은 전혀 아랑곳하지 않는 사람 등이 이에 속한다. 대부분의 사람들은 이런 독불장군 타입을 부정적인 시각으로 본다.

  사회생활에서는 개인보다 집단의 조화가 중요하다. 구성원 모두가 각각 타인과의 일체화와 융합을 위해 노력해야 한다. 아무리 요즘 세대가 개인주의 성향이 강하다고 해도 비즈니스에 있어서는 '나'가 아닌 '우리'라는 공동체의식이 필요한 것이다. 커뮤니케이션 능력이 뛰어난 사람은 이러한 의식이 강하다. 그런 만큼 주변 사람들의 신뢰감도 두텁게 마련이다.

  이와 반대로 '독불장군'이라 불리는 사람들은 집단보다 개인을 중시하고 자신과 타인을 엄격히 분리하는 사고방식을 갖고 있다. 혼자 지낼 때는 상관없지만, 단체생활에서는 커뮤니케이션 능력이 부족하다는 말을 듣기 쉽다. 특히 모니터링 능력이 뛰어난 사람은 주위 사람들을 배려하며 대화를 이끌어가는 데 비해 독불장군 유형은 늘 제멋대로 행동해 주위 사람들의 반발심을 유발시킨다.

  셀프 모니터링 능력이 뛰어난 사람은 늘 주위에서 자신을 어떻게 바라보는지 신경을 쓴다. 반면 셀프 모니터링 능력이 부족한 사람은 주위의 시선에 아랑곳하지 않고 언제나 자기 자신을 우선시해 주위의 원성을 사게 되는 경향이 있다. 따라서 사회생활과 대인관계를 원만하게 유지하려면 커뮤니케이션 능력을 키워야 한다. 이를 위해 셀프 모니터링에 신경을 써야 한다.

30
서투른 대인관계로 손해 본다면 셀프 모니터링 능력을 키워라

셀프 모니터링 능력이 뛰어난 사람과 부족한 사람의 결정적인 차이는 친구를 선택하는 기준의 차이다.

셀프 모니터링 능력이 뛰어난 사람은 자신의 목적에 맞게 상대를 고르는 경향이 있다. 가령 테니스를 배우고 싶다면 테니스를 잘 치는 사람을 선택해 함께 연습한다. 즉 자신의 실력을 향상시키는 것을 우선시하는 것이다.

이와는 반대로 셀프 모니터링 능력이 부족한 사람은 운동이든 공부든 자신과 마음이 맞는 사람과 함께하려고 한다. 그리고 다양한 사람들을 사귀기보다는 깊이 있게 사귀려는 경향이 있다.

어느 쪽이든 장단점이 있다.

셀프 모니터링 능력이 뛰어난 사람은 자칫 잘못하면 줏대 없는 사람으로 여겨지기 쉽다는 단점이 있다. 이들은 비즈니스처럼 이해가 얽힌 관계가 아니더라도 무의식적으로 자신에게 도움이 되는 상대를 찾게 마련이다. 이에 따라 '이 사람과 사귀면 득이 될 것이다' 라는 생각만으로 상대를 선택하는 경우가 생긴다. 하지만 앞서 설명한 것처럼 어느 한쪽이 일방적으로 이익을 보는 관계는 오래 지속될 수 없다. 상대가 자신에게 무엇을 원하는지 파악해 주고받지 않으면 결코 서로에게 도움이 되는 관계를 유지할 수 없다.

한편 셀프 모니터링 능력이 부족한 사람은 개인적인 관계라면 나름대로 신용을 얻을 수도 있다. 하지만 단체생활에서는 당시의 상황이나 상대방의 입장을 고려하지 않고 제멋대로 행동한다고 비난받을 위험성이 있다. 비즈니스에서는 어느 정도 협조성과 적극성이 필요하다. 그리고 서로의 권리를 침해하지 않는 원만한 인간관계를 유지하기 위해서는 커뮤니케이션 능력이 필요한 것이다.

자신이 대인관계가 서툴러 손해를 본다고 생각하는 사람은 셀프 모니터링 및 커뮤니케이션 능력을 향상시켜 상대와의 공감대를 형성해야 한다. 이를 위해서는 '보는 자신(주관)' 과 '보이는 자신(객관)' 을 동시에 의식하며 행동해야 한다.

우선 상대의 이야기에 귀를 기울이는 습관을 들이자. 말의 내용뿐만 아니라 말투, 시선, 동작과 같은 비언어적인 커뮤니케이션에도 주의를 기울이는 것이다. 그리고 자신의 의견이 바르게 전달되는지, 상대가 어떻게 생각하는지를 항상 관찰하는 습관을 들이도록 하자.

우리는 흔히 사진이나 거울을 통해 자신의 모습을 들여다본다. 타인이 바라보는 자신의 모습을 인식한다는 의미에서 이것도 셀프 모니터링의 일종이라고 할 수 있다. 사업상 고객과 대화할 때도 자신은 물론 상대의 표정, 자세, 몸짓, 말투 등을 체크하면서 제삼자의 입장에서 그 상황을 관찰하는 노력을 기울이도록 하자.

이처럼 자신을 객관적으로 바라보고 또 다른 관점에서 그 행동을 관찰할 때 비로소 셀프 모니터링 능력이 향상된다.

31 감성지수의 7영역에 강해지자

미국의 저널리스트이자 심리학자인 다니엘 골먼(Daniel Goleman)의 저서 『비즈니스 EQ』는 많은 사람들의 주목을 받으며 베스트셀러가 됐다. 여기서 EQ(Emotional Intelligence)란 마음의 지능지수인 감성지수를 말한다. 이것은 1989년 예일 대학의 피터 샐로비(Peter Salovey) 교수와 뉴햄프셔 대학의 존 메이어(John Mayer) 교수가 주장한 이론이다.

샐로비 교수의 주장과 골먼의 『비즈니스 EQ』에서는 감성지수에 다음과 같은 영역이 있음을 주장한다.

자기 인식: 자신의 감정을 정확히 인식한다.
자기 통제: 자신의 감정을 적절한 상태로 조절한다. 분노나

욕구와 같은 충동을 억제한다.

동기 부여 : 목적을 달성하기 위해 자신에게 동기를 부여하고 의욕을 높인다.

공감대 형성 : 타인의 감정을 인식한다. 타인의 감정표현을 민감하게 받아들이고 긍정적인 대인관계를 형성한다.

사회적 관계의 형성 : 대인관계를 원만하게 유지한다. 집단 속에서 조화를 이루며 적절하게 행동한다.

긍정적인 사고력 : 사물의 긍정적인 측면을 보고 낙관적으로 받아들인다.

지속력 : 중도에 포기하지 않고 끝까지 해내는 끈기가 있다.

그들의 주장에 따르면 사회에서 성공하는 데 필요한 능력은 지능지수(IQ)가 20%고 감성지수(EQ)가 80%다. 감성지수가 높은 사람일수록 사회생활에서 성공할 확률이 높다는 것이다. 감성은 대인관계를 능숙하게 발전시키는 능력을 말한다. 비즈니스 리더에게는 반드시 필요한 것이다. 현재 미국의 우수기업체 500곳 중 약 80%가 인사관리에 감성지수를 도입하고 있다는 조사보고서도 있다.

비즈니스에서 성공하려면 전문성이 필요하다. 하지만 아무리 높은 지능, 지식, 기술을 갖고 있어도 자신을 어필하거나 사람을 움직이는 커뮤니케이션 능력이 부족하면 좋은 성과나 평가를 기대하기 어렵다. 따라서 위에 언급한 감성의 일곱 가지 영역을 숙지해 자신을 감성지수가 높은 사람으로 발전시키도록 하자.

32
접대용 멘트는 상대와 상황을 가려서 적절히 사용하라

업무 차 일본 교토 지방에 출장을 간 어느 젊은 남성의 이야기다.

그가 거래처를 방문하자 상대방이 술자리를 마련해줬다. 그 날은 과음으로 많이 취하는 바람에 함께 술을 마시던 거래처 사람의 집에서 머무르게 됐다.

이튿날 점심때쯤 눈을 뜬 그가 숙취해소제를 먹고 차를 마셨다. 그때 그 집의 안주인이 "오차즈케(お茶漬け, 찻물에 만 밥)라도 좀 드시겠습니까?"라고 물었다. 그는 그 말이 자신의 해장을 위해 권하는 것이라고 생각해 "그럼 잘 먹겠습니다"라고 선뜻 대답했다. 그런데 오차즈케를 먹고 있는 동안 안주인의 태도가 왠지 불편하게 느껴졌다.

도쿄로 돌아온 후에 교토 출신 동료에게 물어보니, 교토에서 손님에게 오차즈케를 권하는 것은 '이제 그만 돌아가달라'는 뜻이라고 했다. 그 말을 곧이곧대로 받아들여 잘 먹겠다는 식으로 말하면 큰 실례라는 것이다.

일본의 옛 도읍인 교토에서는 한 집안이 대대손손 한곳에서 지내오고 있다. 이 때문에 인간관계나 이웃관계가 좋지 않으면 자손들에게까지 그 영향이 미친다. 그래서 거절할 때도 부드럽고 완곡하게 표현하는 경우가 많다. 이것 역시 상대방에 대한 배려에서 나온 것이라고 할 수 있다.

비단 교토뿐만이 아니라 일본에서는 이렇게 간접적으로 암시를 주는 말들이 자주 사용된다. 결론을 명확히 말하지 않은 채 빙돌려서 말하고 애매한 말로 자신의 기분을 전하는 것이다. 이 때문에 외국인들(특히 서양인들)은 일본어를 상당히 애매모호한 언어로 생각하는 경향이 있다. 그건 일본이라는 나라의 문화적인 배경에서 비롯된 것이다. 그런 면에서는 한국도 예외가 아니다.

그중에서도 특히 심한 것이 인사말이나 접대용 멘트다.

이웃사람과 인사할 때 "어디 가세요"라고 물으면 "그냥 물건 좀 사러요"라며 얼버무린다. 어디에서 몇 시에 누구와 만나기로 약속했다는 식으로 대답하는 사람은 거의 없다. 인사로 건넨 말이기 때문에 상대도 그렇게까지는 기대하지 않는 것이다. "잘 지내?"라고 물으면 "응, 그럭저럭"이라고 대답하는 것과 마찬가지로 종종 대화의 실마리로 사용되기도 한다.

다시는 만나고 싶지 않은 상대에게도 "또 연락하자" "또 놀러 와"라고 말하는 것은 대표적인 접대용 멘트라고 할 수 있다. 이런 접대용 멘트는 대인관계에서 윤활유 역할을 할 수도 있지만 경우에 따라서는 속이 빤히 들여다보이는 입발림이라는 인상을 심어주기도 한다. 따라서 접대용 멘트도 상황에 맞게 사용해야 할 필요가 있다.

특히 표면적인 태도와 본심을 구분해서 사용해야 하는 비즈니스에서는 '거짓말도 일종의 방법'이라고 생각해 접대용 멘트를 자주 사용하게 된다. 표현이 애매하기 때문에 상대의 말 뒤에 숨겨진 감정을 파악하는 일은 쉽지 않다.

'또 만나고 싶다'는 상대의 말을 곧이곧대로 믿었다가 창피를 당한 적이 있는 사람도 적지 않을 것이다. 아주 친한 사이라면 상관없지만, 그렇지 않은 상대에게는 의미가 정확히 전달되지 않으면 뜻밖의 오해를 불러일으킬 수 있다. 따라서 접대성 멘트도 상대와 상황을 가려서 적절하게 사용하는 요령을 익혀야 한다.

33 상대에게 의욕을 불어넣는 요령을 익혀라

　가까운 사이(직장, 가정, 친구, 이웃 등)라도 사소한 일로 대립할 수 있다. 이때는 서로 대화하고 양보하는 것이 바람직하다. 하지만 한쪽이 저자세로 나가도 다른 한쪽이 완고하게 자기 주장을 굽히지 않는다면 해결은커녕 점점 더 상황이 악화된다.
　대인관계의 거래를 '교섭'이라고 생각해보자. 언젠가 하버드 대학의 교섭연구소에서 '하버드식 교섭기술'이라는 논문을 발표했다. 이것은 쌍방이 만족할 수 있는 해결책으로 유도하는 데 중점을 두고 있어 '쌍방만족형 교섭(Win-Win Negotiation)'이라고 불리기도 한다.
　어느 한쪽만 만족하는 '이익―손해(Win-Lose)' 상황에서는 손해를 본 쪽이 방해하거나 보복하게 된다. 일시적으로는 이익이지만 장기적으로 보면 손해가 된다. 그리고 결국에는 양쪽 모두 손해를 보는 경우가 적지 않다. 비단 교섭뿐만 아니라 상사가 부하직원에게 지시하는 경우도 이와 마찬가지라고 할 수 있다.

가령, 부하직원 A가 업무상 큰 실수를 저질러 상사에게 꾸지람을 듣고 회사를 그만뒀다고 치자. 마침 상사는 아내가 입원 중이라 병원에 가야 했다. 그는 부하직원 두 명(B와 C)에게 그 공백을 대신 메우도록 지시했다. 부하직원 B와 C는 상사의 지시를 거부하지는 않았지만 그 일을 정리하려면 밤을 새워야 한다. 그들은 남의 일을 떠맡은 것에 대한 반발심으로 일을 적당히 마무리 지었다. 그러자 그 일을 처음부터 다시 시작해야 하는 상황이 벌어지고 말았다. 결국 상사는 회사에서 나쁜 평가를 받았고 부하직원들의 반감까지 초래해 업무를 제대로 볼 수 없게 됐다.

그런데 만약 양쪽이 모두 만족하는 쌍방만족형의 경우라면 어떻게 진행될까?

상사는 부하직원에게 아내의 입원 사실을 이야기하고 우선 병원으로 간다. 그런 다음 다시 회사로 돌아와 부하직원에게 간식을 제공한다. 비록 간단한 음료수나 빵일지라도 부하직원들은 그것을 전해주기 위해 일부러 회사에 다시 돌아온 상사에게 감동해서 일을 제대로 마무리한다. 이처럼 쌍방만족형은 양쪽 모두에게 이익을 주기 때문에 모두가 만족할 수 있는 결과로 이어진다.

경쟁사회에서는 자신의 이익을 우선시하고 자기 위주로 생각하며 손익에 집착하는 성향이 강하다. 그래서 종종 가벼운 말다툼이나 고압적인 태도가 큰 싸움으로 이어지는 경우가 생긴다. 이때는 상대의 입장을 배려해 조금씩 서로 양보하는 것이 양쪽 모두에게 좋은 결과를 가져온다는 사실을 기억해야만 한다.

34
상대에 따라 갈등을 해결하는 방법도 달라야 한다

　대인관계에서 가장 중요한 것은 상대의 입장을 고려하고 상대를 존중하는 것이다. 그러나 저마다 생각이나 가치관이 다르기 때문에 서로 의견이 다를 수 있다. 일상생활이나 비즈니스는 이해관계와 대립을 바탕으로 성립된 것이라고 해도 과언이 아니다.
　이렇듯 상대와 의견이 다른 경우에는 어떻게 해야 할까?
　심리학자 버크(Burke)는 대인관계에서 갈등이 발생했을 경우의 행동양식이나 대처방법을 다음과 같이 다섯 가지로 나누어 실험했다.

타협형 : 서로 양보할 수 있는 범위를 찾는다.
고집형 : 자신의 생각이나 체면에 연연해 완고하게 자기주장을 굽히지 않는다.
양보형 : 언쟁이나 대립을 멈추고 상대의 주장을 받아들인다.
문제직시형 : 서로가 납득할 수 있을 때까지 대화한다.
회피형 : 문제점을 방치하고 해결하는 것을 나중으로 미룬다.

상대가 직장상사라면 어느 것이 가장 바람직한 타입일까?

직장인을 대상으로 조사한 결과 가장 좋아하는 상사로는 문제직시형을 꼽았고, 그 다음으로 양보형이었다. 반대로 싫어하는 상사는 고집형과 회피형이었다.

양보형 중에는 남의 부탁을 거절하지 못하는 우유부단한 사람이 많다. 남에게 잘 보이고 싶은 마음에 쉽게 거절하지 못하기 때문에 원치 않는 상황에 휩쓸리거나 남에게 이용당하기 쉽다. 상대의 입장에서는 도움이 되겠지만 양보하는 사람은 항상 불만이나 스트레스가 쌓이게 된다.

회피형은 누군가에게 모든 것을 떠넘기고 책임을 회피하는 자기 방어가 심한 타입이다. 부하직원이 애써 좋은 기획서를 제출해도 실패했을 때의 책임이 두려워 이리저리 미루는 무책임한 사람이라고 할 수 있다.

고집형은 직함이나 체면에 얽매여 끝까지 자신의 의견을 관철시키려는 타입이다. 상대의 이야기를 듣지 않는 고집스런 사람으로 융통성이 부족하기 때문에 변화에 약하다. 이처럼 문제점을 개선하려고 하지 않고 그저 외면만 한다면, 현상유지는커녕 상태를 더욱 악화시키게 될 뿐이다.

타협은 어느 한쪽이 상대방에게, 혹은 서로가 양보해 의견을 모으는 것이다. 어느 한쪽이 일방적으로 양보하는 경우에는 상대의 의견을 무조건 수용하는 형태가 된다. 이는 표면적으로는 동의하지만 내심 감정이 상하는 경우가 많다.

그에 비해 협조는 서로의 공통적인 이해에 초점을 맞춰 대화를 통해 서로가 만족할 수 있는 점을 찾고 협력하는 것이다. 이것은 서로의 의견 차이를 인정하기 때문에 양쪽 모두에게 바람직한 결과를 만들어낼 가능성이 높다.

처세술이 뛰어난 사람은 자신의 요구를 관철시키는 능력도 뛰어나다. 이런 유형의 사람은 서로 납득할 때까지 대화를 나누는 협조적인 자세를 보인다. 뿐만 아니라 다른 의견에도 귀를 기울이는 유연함과 상대에 따라 어조를 바꿀 수 있는 능력까지 지니고 있다.

대인관계에 따른 고민을 줄이고 싶다면 자신의 의견을 솔직히 말하고 적극적으로 대화를 나누려는 자세가 필요하다.

35 감동을 부르는 '공감기술'을 익혀라

상대와 뜻밖의 의견대립이 생겼을 때 당신은 어떤 태도를 취하는가?

가치관의 차이나 이해관계의 대립이 클수록 대화하기가 어렵다. 한쪽이 일방적으로 주장을 밀어붙이면 상대는 당연히 불만을 나타낼 수밖에 없다. 그리고 서로 양보할 자세를 보이지 않으면 결코 의견은 모아질 수 없다.

대화할 때 가장 주의해야 할 것은 말하는 방법이다.

상대의 주장에 대해 "그건 아냐" "네가 잘못된 거야"라며 책망하듯 말하면 상대는 자신의 의견을 무조건 부정하는 것으로 생각해 좋지 않은 감정을 갖게 된다. 설령 자신의 생각이 잘못되었음을 깨닫더라도 상대는 그 말투에 대해 반발심을 갖게 된다.

그렇기 때문에 상대의 이야기에 귀를 기울이며 협조적인 자세로 서로가 원하는 결과를 얻을 수 있도록 노력해야 한다.

일단은 "아, 그렇군요" "잘 알겠습니다"라는 식으로 상대의 주장을 인정해주자. 그리고 조심스럽게 자신의 의견을 이야기하면 상대도 순순히 받아들이게 돼 있다. 자신이 먼저 상대에게 동조하는 자세를 보이면 상대도 자신의 의견을 받아들이게 되기 때문이다. 특히 약간 감정적인 상태가 돼 있거나 일반적인 수단으로 통하지 않는 경우에는 정공법으로 반론하는 것보다 이 방법이 효과적이다.

일반적으로 대화할 때 '이해한다'는 말이 자주 사용된다. 타인의 고민거리를 들어주는 사람들이 흔히 "네 기분을 충분히 이해해"라는 식으로 말하곤 한다. 이때 '이해한다'는 말은 자신의 경험을 떠올려보고 하는 경우가 많다. 하지만 때로는 얼른 이야기를 끝내고 싶을 때 사용하는 경우도 있다. 정말로 상대의 심정을 이해하는 것이 아니라 상대가 무엇을 말하고 싶은지 자기 나름대로 이해하고 있다는 뜻으로도 사용된다. 일종의 상투어일 수도 있다.

그런데 '이해한다'는 말은 자주 사용하면 오히려 역효과가 날 수 있다. 가령 업무상의 실수나 실연에 대해 이야기하는 상대에게 '이해한다'고 말할 수 있다. 그런데 자신이 경험하지 못한 일에 이런 식으로 동의하면 "아무것도 모르면서 그렇게 쉽게 말하지 말라"며 반발하는 사람도 있다.

또한 상대가 알아주기를 바라는 것과 들어주는 쪽에서 나름대로 이해하는 것이 서로 다를 수도 있다. 실제로 자신의 경험에 비추어 어느 정도 공감할 수는 있지만 심정을 충분히 이해하는 경우는 드물다.

그래도 상대의 기분이나 감정을 이해하려는 자세를 보이는가 그렇지 않은가에 따라 상대의 신뢰도가 바뀌게 된다. 남들이 인정하고 이해해주기를 바라는 것은 인간의 기본적인 욕구다. 따라서 그것을 충족시켜주는 사람에게 호감이나 신뢰감을 갖게 되는 것은 당연한 일이다.

결론적으로 상대의 말을 잘 들어주고 그 사람의 감정을 이해하려는 노력을 보이는 것이 상대의 신뢰를 얻고 원만한 대인관계를 유지할 수 있는 가장 좋은 방법이다.

체크리스트 4

당신은 얼마나 요령 있게 처신하는가?

자신이 평소에 어떻게 처신하는지 체크해보자. 체크한 결과에 따라 어드바이스를 참고해 자신의 행동 및 습관을 개선하자.

1. 자신이 원치 않는 업무라도 일단 부탁받으면 거절하지 못한다.

 □ yes   □ no

어드바이스 제멋대로 행동하는 것과 요령이 좋은 것은 별개다. 유능한 사람일수록 요령이 좋다. 자신에게 별 의미가 없거나 원치 않는 일이 들어오면 적임자를 소개하는 등의 방법으로 적당하게 거절할 수 있어야 한다.

2. 필요에 따라서는 거짓말도 한다.

 □ yes   □ no

어드바이스 대인관계에서 발생한 갈등을 해결하려면 때로는 거짓말도 필요하다. 중요한 것은 문제 해결인 만큼, 그 방법을 유연하게 생각할 수 있어야 한다.

3. 말로 상대를 꺾으면 통쾌하다.

☐ yes   ☐ no

어드바이스 교섭에 자신감을 갖고 있는 사람들이 많은데, 무리하게 상대의 주장을 묵살하면 반드시 그 대가가 돌아오게 마련이다. 이때는 신용까지도 잃게 되고 자칫 안하무인인 사람으로 낙인찍힐 수도 있으므로 주의해야 한다.

4. 자신의 장단점을 잘 파악하고 있다.

☐ yes   ☐ no

어드바이스 자신을 객관적으로 바라볼 수 있으면 힘의 분배나 시간을 효율적으로 사용할 때도 많은 도움이 된다. 남들이 자신을 어떻게 바라보는지 살피는 자세도 필요하다.

5. 대화할 때 부정적인 말을 자주 사용한다.

☐ yes   ☐ no

어드바이스 부정적인 주장은 주로 평론가에게 많이 찾아볼 수 있는 무능한 사람의 전형이다. 그렇다고 평론가들이 무능한 사람들이라는 것은 아니다. 상대의 의견에 무조건 부정적인 의견을 제시하지 말고 긍정적으로 생각하면서 그 생각을 상대에게 전하도록 하자. 대인관계도 원만해지고 자연히 일도 즐거워진다.

6. 의견이 대립할 경우, 자기주장을 내세우는 데 정신을 집중한다.

□ yes □ no

어드바이스 교섭은 '승부'가 아니라 쌍방이 만족하기 위한 조정작업이다. 이것을 잘하면 대화가 순조롭게 진행돼 좋은 결과를 얻을 수 있다. 우선 상대의 이야기를 잘 들어주고 자신과 상대의 의견 차이를 조정하면서 함께 이익을 볼 수 있는 방법을 모색하는 습관을 들이자.

7. 상사나 부하직원에게 의욕을 불어넣으려 노력한다.

□ yes □ no

어드바이스 남에게 의욕을 불어넣으면 자연히 자신에게도 이욕이 생긴다. 그리고 상대도 당신에게 의욕을 주려고 애쓰게 된다. 상대가 누가 됐든 의욕을 불어넣을 수 있도록 노력하는 자세와 요령을 익히자.

5장

적도
친구로 만드는 '그'

대부분의 스트레스는 대인관계에서 그 원인을 찾을 수 있다. 무책임한 상사, 일을 방해하는 동료, 틈만 나면 잔꾀를 부리는 부하직원…….

타인을 자신의 뜻대로 움직이기는 어렵다. 그렇기 때문에 어떤 직장이든 스트레스의 요인이 존재한다. 이상적인 직장을 꿈꾸며 한숨만 내쉰다면 지금의 당신이 처해 있는 상황은 아무것도 변하시 않는다.

스트레스를 줄이기 위해서는 까다로운 상대, 거부감이 생기는 상대, 갈등을 일으키는 상대와 원만하게 지내는 방법을 터득하면 된다. 처음에는 약간 부담스럽겠지만, 나중에는 편안하게 자신의 일을 즐길 수 있게 될 것이다. 특히 자기 방어가 확실한 사람일수록 상대에게 과감하게 접근할 수 있다.

이번 장에서는 상대하기 까다로운 사람들의 여러 가지 유형을 살펴볼 것이다. 자신의 주변에 있는 사람들 중에 해당하는 사람을 대비해 원만한 관계를 유지하는 방법을 모색해보자.

③⑥ 완고하고 심술궂은 사람

회식장소를 결정하기 위해 의논할 때 무슨 제안이 나오든 사사건건 반대하는 사람이 있다.

"거기 음식은 맛이 없습니다."

"가격이 너무 비쌉니다."

"거긴 서비스가 엉망이에요."

그런데 정작 본인에게 어디가 좋겠냐고 물으면 아무런 제안도 못하거나 아무도 가고 싶어하지 않는 장소를 제안한다. 회의나 미팅에서도 항상 남들과 다른 의견을 주장한다. 이런 유형의 사람은 분명한 자기 의견이 있는 것이 아니라, 단지 다수의 의견에 따르기를 거부하는 것뿐이다. 한마디로 사물의 긍정적인 면이 아닌 부정적인 면을 찾아 트집을 잡고 싶어하는 것이다. 이

때문에 그 그룹에서 어떤 사안을 결정하는 데 많은 시간이 걸리게 된다. 그리고 오히려 그 사람이 없으면 일이 더 순조롭게 진행된다.

이런 심술궂은 성격은 대개 협조성이 부족하다. 그리고 이런 타입일수록 성격이 완고해 타인의 의견에 귀를 기울이지 않는다. "한번 안 된다면 안 되는 거야" "이건 반드시 이렇게 해야 돼"라며 좀처럼 자신의 주장을 굽히지 않으려 한다.

항상 마음에 드는 가게만 다니고 헤어스타일, 복장, 식사, 시간을 보내는 방법 등에 있어서도 새로운 것은 받아들이려고 하지 않는다.

타성에 젖어 생활하기 때문에 타인과의 대화도 자칫 한 방향으로만 흘러갈 수 있다. 또한 항상 타인의 의견에 반대하고 고집스러울 정도로 자신의 방식을 고수하기 때문에 자연히 사람들과의 관계가 멀어지게 된다.

완고하다는 것은 곧 융통성이 없다는 말이기도 하다. 평소에는 상관없지만 어떤 문제가 발생했을 때 대부분의 사람들은 해결방법을 모색하고 실행한다. 또 그것이 여의치 않으면 다른 방법을 찾으려고 한다. 반면 완고한 사람은 어떻게 대처할지 몰라 당황하고 안절부절못한다.

이처럼 사고나 행동이 경직된 사람은 한 가지 방법만을 고집하고 그것이 무리라는 것을 알아도 다른 방법을 찾지 못한다. 그렇게 지나치게 한 가지 일에 얽매인 나머지 결국 탈출 불가능한 상태로 이어지는 경우가 적지 않다.

고집이 센 사람은 언뜻 자기 주관이 뚜렷한 사람처럼 보여 믿음직스럽게 여겨지기도 한다. 하지만 타인의 말에 전혀 귀를 기울이지 않는 것은 그만큼 단순하다는 말이기도 하다. 타인의 의견을 받아들이는 유연성이 부족하고 제멋대로 행동하는 사람이다.

사람은 누구나 즐겁게 대화할 수 있는 사람과 함께 있고 싶어 한다. 남에게 편안한 기분을 주는 사람은 이질적인 것도 받아들일 만한 아량이 있고 상대와 타협하는 방법도 터득하고 있다. 따라서 이처럼 심술궂은 성격의 소유자와 원만한 관계를 유지하려면 그 사람을 잘 알고 대화 분위기를 편안하게 만들어줄 수 있는 유연한 태도를 지녀야 한다.

이런 사람들은 대부분 자신이 타인에게 인정받는 것을 좋아한다. 따라서 그 사람의 의견을 무시할 것이 아니라, 존중하고 인정하는 태도를 보임으로써 신뢰감을 얻어야 한다. 때로는 적절한 접대성 멘트도 필요하다.

일단 신뢰를 받게 되면 당신의 의견에는 반기를 들지 않을 것이다.

37 자기 이야기만 하는 사람

누구와 대화하든 자기 이야기만 하는 사람이 있다. 상대가 화제를 바꾸려고 해도 "맞아, 그런데 우리 집에선 말이야……." 라든지 "나도 얼마나 잘하는데"라며 자기 이야기를 해댄다. 모두가 다른 화제로 신나게 대화하고 있으면 불만스러운 표정을 짓고 있다가 틈을 노려 자기 이야기로 화제를 돌리려고 한다.

인간은 기본적으로 남의 이야기를 듣기보다는 말하기를 좋아한다. 자신의 이야기를 들어주기를 바라는 마음에서 상대의 이야기에 귀를 기울이는 것이다. 누군가에게 이야기를 하는 것은 스트레스 해소에도 도움이 된다. 고민을 털어놓으면 가슴이 후련해지는 카타르시스 효과를 경험할 수도 있다. 하지만 어느 한 사람만 계속 이야기하면 대화가 이루어질 수 없다. 재미있거나 도움이 되는 이야기라면 상대가 일방적으로 귀를 기울일 수도 있겠지만, 상대와 아무런 상관도 없는 이야기인 경우에는 정말 곤란하다.

사람은 대화를 통해 서로를 알게 되면서 친해지고 좋아하게 된다. 그런데 자기 이야기만 하고 싶어하는 사람은 상대와의 상호 이해를 원하는 것이 아니다. 단지 자신의 이야기를 들어줄 상대를 원할 뿐, 상대와 대화를 즐길 생각은 조금도 없다. 이야기하고 싶은 욕구를 채우는 데만 급급하고 상대의 기분은 전혀 아랑곳하지 않는다. 상대의 기분이나 시간에는 관심이 없으니 자기가 얼마나 상대를 무료하게 만드는지조차 모른다. 이런 사람은 자기애와 자기 과시욕이 강하고 타인에게 무관심하다.

대인관계에 있어 서로 친해지기 위해서는 자신에 대해 이야기할 필요가 있다. 또 자신의 이야기를 들어주는 정도에 따라 상대가 자신과 얼마나 친해지고 싶어하는지 판단할 수도 있다. 만약 당신의 이야기를 건성으로 듣고 곧바로 자신의 이야기로 화제를 돌린다면, 그 사람은 당신에게 전혀 흥미가 없는 것이다. 당신이 상대를 이해하려고 노력할 수는 있지만 그 사람이 당신을 이해하려고 노력할 가능성은 극히 희박하다.

사람은 대화를 통해 상대의 관심이 무엇이며 어떤 기분인지를 이해한다. 그리고 대화의 피드백을 통해 자신을 좀더 객관적으로 바라볼 수도 있다. 하지만 남의 이야기를 듣지 않는 사람은 자신을 객관적으로 바라볼 수도 없고, 타인의 감정을 헤아릴 줄도 모른다. 그렇기 때문에 시야가 좁고 화제의 범위가 한정돼 있다.

이야기를 들어줄 사람이 없어지면 그 욕구는 더욱 강해지게 마련이다. 그래서 누군가와 이야기할 기회가 생기면 그때까지 쌓인 욕구를 단번에 분출해낸다. 그리고 다시 관계가 멀어지는 악순환에 빠지게 된다.

"아무도 연락하지 않아" "아무도 내 이야기를 들어주지 않아"라고 불평하는 사람은 타인에 대한 배려가 부족하고 타인과의 커뮤니케이션을 제대로 하지 못하는 경우가 많다.

이런 유형의 사람들은 대부분 사람을 그리워한다. 처음 만남부터 어느 정도 친분이 쌓일 때까지는 살갑게 대하다가 친분이 깊어지면 결국 자신의 이야기에만 몰두하는 본래의 성향을 드러내게 된다. 따라서 이런 사람과 관계를 원만하게 유지하기 위해서는 어느 정도 선을 긋고 일정한 거리를 유지하는 것이 좋다.

③⑧ 자신에 대해 이야기하지 않는 사람

일방적으로 자기 이야기만 하는 사람이 있는가 하면, 반대로 전혀 자기 이야기를 하지 않는 사람도 있다.

"요즘에는 발라드 노래가 유행하고 있네요. 음악은 어떤 장르를 좋아합니까?"

"특별히 좋아하는 게 없어요."

"저는 팝송을 자주 듣는데요."

"……."

이처럼 어떤 질문을 해도 돌아오는 반응은 애매한 대답이나 침묵뿐이다.

언어를 통한 커뮤니케이션은 서로 주고받는 것이 일반적이다. 그렇기 때문에 가급적이면 상대가 대답하기 쉬운 질문을 던지고, 그 질문에 대꾸하면서 자연스럽게 대화가 이루어져야 한다. 그런데 아무리 말을 걸어도 꿀 먹은 벙어리처럼 전혀 응답이 없으면 대화는 자연히 끊기게 마련이다.

상대가 자신에 대해 전혀 이야기하지 않는 이유는 두 가지로 생각해볼 수 있다.

첫 번째는 당신과 친해지고 싶지 않은 경우다. 친해지고 싶은 마음이 없는 상대에게는 자신에 대해 이야기할 필요가 없다고 생각하기 때문에 적당히 맞장구를 치는 정도로 대꾸하는 것이다. 학교나 직장에서 매일 얼굴을 마주치는데도 개인적인 이야기를 거의 하지 않는다면 그것은 당신을 그저 형식적으로만 대하는 것이다.

두 번째는 경계심이 강한 사람이다. 이런 이야기를 하면 무시당할지도 모른다고 걱정하며 자기 방어를 하는 것이다. 아무리 친한 친구라도 처음 만났을 때는 서로에게 낯선 존재다. 하지만 잡담을 나누며 지내는 사이에 조금씩 상대에 대해 알아가게 된다.

어디에 살고 있고, 가족은 몇 명이고, 어떻게 생활하는지, 그리고 취향, 사고방식, 취미, 특기, 관심사 등에 대해 알게 되면서 친근감도 생겨난다. 그리고 어느새 친구라고 불리는 사이가 되는 것이다.

자신이 먼저 접근하지 않으면 상대도 어렵게 생각해 접근해

오지 않는다. 마음을 굳게 닫은 사람에게 친근함을 느끼기는 어려운 법이다. 상처받는 것이 두려워 상대와 일정한 거리를 유지하면 사이가 멀어질 수밖에 없다. 게다가 무슨 생각을 하는지 알 수 없는 사람으로 여겨져 신뢰나 호감도 얻기 힘들다. 타인에게 호감을 얻지 못한다는 것은 곧 처세술이 부족하다는 의미이기도 하다.

이런 사람과 원만한 관계를 유지하려면 먼저 자신이 마음을 열고 다가가는 것이 중요하다. 단순히 업무 관계나 필요에 의해 만나는 사람이더라도 인간적인 면모를 보이며 다가가면 그 사람도 굳게 닫힌 마음의 문을 열게 마련이다. 이런 사람과 친분을 쌓으려면 어느 정도 시간이 걸리지만 한번 친분을 쌓은 관계는 좀처럼 허물어지지 않는다.

이런 유형의 사람에게는 자신의 마음을 열고 먼저 다가가는 것이 좋다. 경계심이 강한 만큼 장기적으로 꾸준히 만나면서 친분을 쌓도록 하자. 이런 성격의 사람들은 대부분 취미, 성격, 사고방식 등이 맞아 친해지는 경우가 많다.

③⑨ 거침없이 함부로 말하는 사람

"그러니까 왜 하나도 제대로 주문 받지 못하는 거야."
"나이가 드니까 머리까지 나빠진 거요?"
이렇게 상대가 기분 나쁘게 생각할 말들을 거침없이 내뱉는 사람이 있다.

대부분의 사람들은 원만한 사회생활을 위해 상대의 입장을 고려하며 존중해준다. 특히 부정적인 이야기를 할 때는 상대가 상처받지 않도록 더욱 조심한다.

그런데 상대의 기분은 아랑곳하지 않고 생각나는 대로 함부로 말하는 사람이 있다. 이런 사람과 함께 지낸다는 것은 지뢰밭을 걷고 있는 것과 다름없다. 그 사람이 함부로 내뱉는 말에 언제 어떻게 상처를 입게 될지 모르기 때문이다.

'진실만큼 마음에 거슬리는 것은 없다'는 프랑스 속담이 있다. 누구든 자신의 아픈 곳을 찔리면 화를 내는 게 당연하다. 그런데 그 아픈 곳을 사정없이 찌르며 매정하게 말하면 아무도 가까이 지내고 싶어하지 않게 될 것이다.

말에는 영험한 힘이 담겨져 있어 인간의 심리상태에 큰 영향을 미친다. 따뜻한 말을 들으면 마음이 편안해지고, 격려의 말을 들으면 기운이 난다. 똑같은 말이라도 부드럽게 말하는 것과 화난 듯이 말하는 것은 큰 차이가 있다. 상대의 자존심을 건드리는 말을 하면 그것이 언제가 되든지 반드시 자신에게 되돌아오게 돼 있다. 어떤 식으로 말하는가에 따라 인간관계가 좋아질 수도 있고 나빠질 수도 있다.

물론 타인과 사귀기 위해서는 어느 정도 자기주장도 필요하다. 하지만 상대의 입장을 고려하지 않고 오로지 자신의 생각만을 거침없이 내뱉는 것은 곤란하다. 올바른 자기주장은 상대와 대화하며 자신의 생각을 적절하게 표현하는 것이다.

거침없이 함부로 말하는 사람의 가장 큰 문제는 본인이 그런 사실을 거의 자각하지 못한다는 점이다. 자신은 솔직하게 말하는 것뿐이라고 굳게 믿고 있어, 주위의 의견에는 거의 귀를 기울이지 않는다.

좋게 말하면 꾸밈없는 사람이고 나쁘게 말하면 자기중심적인 사람이다. 물론 본심을 숨기고 겉으로만 웃는 척하는 사람보다는 이해하기 쉽지만, 누군가와 대화할 때는 그 상황을 충분히 고려해야 한다.

말하고 싶은 것을 꾹꾹 참으며 상대에게 동조하면 본인이 스트레스를 받고, 반대로 말하고 싶은 것을 거침없이 내뱉으면 주위 사람들이 스트레스를 받는다. 직접적으로 표현해서 좋은 것과 나쁜 것을 구분할 줄 아는 사람이야말로 상대를 배려할 줄 아는 사람이다.

이런 사람과 친분을 유지하기 위해서는 일단 그 사람의 상태를 체크해야 한다. 감정의 기복이 심해 기분에 따라 상대에게 잘해주기도 하고, 윽박지르기도 하기 때문이다. 분위기를 잘 파악해 그 사람이 원하는 것을 맞춰준다면 신뢰를 얻을 수 있다. 물론 신뢰하게 되면 그 사람에게는 다른 사람들에게 하는 것처럼 함부로 이야기하지도 않게 된다.

중요한 것은, 이런 사람들은 침착하고 논리정연하게 이야기하는 사람에게는 말을 함부로 하지 않는다는 점이다. 까다로운 유형의 사람이기는 하지만, 기분을 잘 맞춰주면서 객관적이고 논리정연한 어조로 대화를 한다면 큰 어려움은 없을 것이다.

④⓪ 임기응변에 능한 사람

흔히 '임기응변의 달인'으로 불리는 사람이 있다. 그는 어떤 상대와 이야기하든 밝게 웃으며 대화를 이끌어간다. 이런 유형의 사람은 상대에 따라 태도를 바꾸는 사교적인 임기응변이 뛰어나다.

일상생활 중 대부분은 교섭을 통해 일이 이루어진다. 의견이나 감각의 차이가 있더라도 서로 존중하며 마찰을 줄이는 것이 원만한 대인관계를 유지할 수 있는 길이다. 하지만 서로 얼굴을 맞대고 지내다 보면 의견이나 이해관계의 대립을 피할 수 없다.

가령 동료와 점심을 먹으러 간다고 치자. 동료는 일식을 먹고 싶어하지만 당신은 양식을 먹고 싶다. 이럴 때 당신이라면 어떻게 하겠는가?

일식도 상관없다며 선택권을 포기하겠는가, 아니면 양식을 먹자며 자기주장을 내세우겠는가. 물론 자신의 생각을 말하고 동료에게 의견을 구하는 것이 가장 바람직하다. 이렇게 서로 대화해 합의점을 찾으면 어느 쪽도 불만을 갖지 않기 때문이다.

임기응변이 뛰어난 사람은 협조성이 있는 것처럼 보이지만, 사실은 눈앞의 상대에게 동조하는 것뿐이다.

사람의 의견, 느낌, 가치관은 각양각색이기 때문에 제각기 다른 것은 당연한 일이다. 어떤 상대든 사고방식이 비슷할 수는 있어도 완전히 일치할 수는 없다. 그런데도 임기응변이 뛰어난 사람은 상대의 의견에 동조하며 맞장구를 친다. 이런 타입은 자칫 주관이 없는 사람으로 여겨져 신용을 잃을 수도 있으므로 주의해야 한다.

이솝우화 중에 「새와 짐승과 박쥐」라는 이야기가 있다.

새들과 짐승들이 사이가 나빠 늘 싸우고 있을 때, 날개도 있고 이빨도 있는 박쥐는 언제나 우세한 편에 가담했다. 하지만 결국에는 어느 쪽에게도 인정을 받지 못하고 추방당하는 신세가 됐다.

임기응변이 뛰어난 사람도 자기 입장을 지키기 위해 본심을 감추고 모든 사람에게 동조하고 있다. 분명한 의사표시 없이 적당히 상대의 비위를 맞추다 보면 결국에는 신용을 잃고 외톨이가 될 수밖에 없다.

아무리 친한 사이일지라도 의견 대립은 있게 마련이다. 자신의 의견을 말하지 않고 무조건 동조하면 상대가 그 진위를 의심하게 된다. 모든 상대에게 동조하는 사람은 상대와 좀더 친해지고 싶거나 상대를 소중히 여기는 것이 아니다. 다만 자신을 지키기 위해 발버둥치고 있을 뿐이다.

이런 사람과 친분을 유지하기란 상당히 힘들다. 자신의 의견을 내놓지 않고 내 의견을 기다리기 때문이다. 이런 유형은 대부분 이해타산이 분명하다. 따라서 간혹 자신에게 불리하다 싶을 때는 슬그머니 연락을 끊거나 피하거나 책임을 회피하려는 경우가 많다. 만약 이런 사람과 친분을 유지해야 한다면 자신이 이익을 조금 덜 보더라도 그 사람에게 도움이 되는 제안을 해주거나 기브 앤드 테이크의 원칙을 철저하게 지켜줘야 한다.

④1 자신의 이익을 위해 남을 이용하는 사람

"우린 동료잖아. 네가 있어서 얼마나 든든한지 모르겠어."

이런 말을 남발하며 자기가 곤란할 때만 연락하는 사람이 있다. 마음이 울적해지면 상대의 입장을 고려하지 않고 전화해 몇 시간이고 푸념을 늘어놓는다. 오랫동안 아무런 연락도 없다가 갑자기 전화해 돈을 빌려달라는 사람도 있다.

이런 사람일수록 상대가 부탁하면 이런저런 핑계를 대며 거절한다. 전화가 걸려오면 지금 좀 바쁘다며 끊거나 그런 일로 연락하지 말라며 냉정하게 거절한다. 자신에게 도움이 되는 상대만을 찾을 뿐, 상대를 위해 시간을 내거나 노력하고 싶어하지 않는 것이다.

이런 유형의 사람은 언제나 자신의 이익만을 우선시하고 이익이 될 만한 일에만 흥미를 갖는다. 친한 척하며 접근해 상대를 이용할 기회만 엿보는 교활하고 자기중심적인 사고방식의 소유자다.

회사가 도산해 경영자가 부채를 끌어안고 있을 때 곁에 있던 측근들이 떠나갔다는 이야기를 자주 듣게 된다. 그들은 이용가치가 있을 때만 곁에 머무르는 타입이다. 상대에게 이용가치가 없어지면 손바닥 뒤집듯 태도를 바꾸고 냉정하게 떠나버린다. 이렇듯 자신의 입장만을 고려하고 행동하면 자연히 신뢰감이 떨어져 사이가 멀어질 수밖에 없다.

한편, 왠지 늘 이용만 당하는 사람들 중에는 자기 의견을 제대로 내세우지 못하거나 남의 부탁을 거절하지 못하는 사람이 많다. 이런 타입은 필요 이상으로 상대에게 신경 쓰는 경향이 있다. 상대가 자신을 부정적으로 생각할지 모른다는 두려움 때문에 상대의 부탁을 거절하지 못하는 것이다. 이런 사람이 자기를 희생하거나 손해보면서까지 부탁을 들어주는 것은 마음이 약하기 때문이다. 이처럼 무조건 남의 부탁을 들어주면 타인에게 이용당하기만 하는 인생을 보낼 수밖에 없다.

부담이 크다고 판단되면 분명히 거절해야 한다. 그리고 상대가 자신을 필요로 하는지 생각하기 전에 자신이 그 상대를 정말 필요로 하는지 냉정하게 돌이켜봐야 한다. 상대의 장점이 마음에 들어 앞으로도 친분을 유지하고 싶다면 다소 손해를 보더라도 그다지 불쾌한 감정은 생기지 않을 것이다. 그렇지 않다고 판단되면 굳이 상대와 인연을 유지할 필요가 없다.

평소 남에게 이용당하지 않는 사람이라도 다른 사람을 잘 이용하는 사람과 친분을 유지할 필요가 있다면, 우선 상대를 유심히 관찰하도록 하자. 그리고 상대가 자신을 어떻게 생각하고 있는지 파악해 적절하게 대응하도록 하자. 중요한 것은 항상 긴장을 늦추지 말아야 한다는 점이다.

④② 소문 퍼뜨리기를 좋아하는 사람

"저 말이야, A과장에 대한 소문 들었어?"

"총무과의 B씨가 거래처 사람하고 사귄대."

사람이 모이는 곳에는 소문이 따라다니게 마련이다. 어디나 소문을 퍼뜨리는 사람이 있다. 이런 사람들은 뭔가 새로운 정보를 입수하면 곧바로 떠벌리고 다닌다.

나쁜 소문일수록 그 내용은 눈덩이처럼 불어나면서 빨리 퍼진다. 학창시절에 '말 전하기 게임'을 해본 사람이라면 충분히 상상할 수 있을 것이다.

첫 번째 사람이 종이에 써 있는 내용을 기억해 다음 사람에게 전한다. 그것을 또 다른 사람에게 전하는 과정에서 이야기의 내용이 왜곡되거나 과장된다. 그래서 다시 처음 이야기한 사람의 귀로 돌아올 때는 전혀 다른 이야기가 돼 있다. 소문이 전해지는 과정도 이와 비슷하다.

'타인의 불행은 나의 행복' 이라는 말도 있듯이 평소에 달갑지 않게 생각하던 사람에 대한 나쁜 소문을 내면 왠지 기분이 좋아진다. 그리고 스캔들이 될 만한 내용일수록 사람들의 호기심을 끌어 삽시간에 퍼진다.

사람들에게 퍼뜨리기 쉬운 소문에는 공통점이 있다. 누구나 알고 있는 가까운 내용이고 그 내용이 애매하다는 것이다. 사람들의 흥미를 자극하는 것은 이처럼 바뀔 수 있는 여지가 충분한 애매한 내용들이다. 이런 소문은 이것저것 자기 입맛에 맞게 상상하고 해석할 수 있기 때문이다.

개중에는 아무런 근거가 없는 경우도 있고, 다른 사람 이야기인 줄 알고 있다가 나중에 자신에 대한 소문임을 알고 당황하는 경우도 있다. 또한 순식간에 윗사람들의 귀에 들어가 소문의 주인공이 좌천되거나 해고당하는 경우까지 발생하기도 한다. 이쯤 되면 우스갯소리라고 가볍게 넘길 일이 아니다.

소문을 퍼뜨리기 좋아하는 사람 중에는 무료한 일상을 보내는 사람이 많다. 타성에 젖어 생활하는 사람들에게는 새로운 소문이 일종의 자극제가 되기도 한다. 하지만 소문을 퍼뜨리는 사람은 주위로부터 신뢰 받기 어렵다. 주위 사람들은 언제 자신들이 소문의 대상이 될지 모르기 때문에 늘 경계하게 된다.

타인을 소문거리로 삼아서는 안 된다는 것은 누구나 알고 있다. 하지만 그렇다고 소문을 듣지 않기 위해 귀를 틀어막을 수는 없는 일이다. 게다가 소문들 중에는 사내의 파벌관계, 인사와 관련된 이야기, 거래처에 관한 정보 등과 같이 들어서 손해 볼 것이 없는 내용도 있다. 그리고 소문을 들을 때는 반신반의하면서 듣고, 그것이 사실인지 확인해볼 필요가 있다. 들을 필요가 없다고 무조건 거부하면 꼭 들어야 할 소문도 듣지 못하게 되는 수가 있다.

소문을 퍼뜨리기 좋아하는 사람과 친분을 유지할 필요가 있을 때는 어떻게 해야 할까. 그럴 때는 그 사람이 나에 대해 소문을 퍼뜨리면 어떻게 되며 자신에게 어떤 영향이 미칠지를 예상해 세심한 주의를 기울여야 한다. 그리고 소문이 퍼질 경우 이에 대처하는 방법도 미리 구상해둬야 한다.

43
뒤에서 헐뜯기 좋아하는 사람

　직장인이라면 한 번쯤 동료와 술자리에서 상사를 비난한 경험이 있을 것이다.
　상대가 상사라면 평소에 말하고 싶어도 말하지 못하는 경우가 많다. 하지만 술자리에서는 긴장이 풀려 상사를 거침없이 비난한다. 가슴에 담아둔 것을 내뱉으면 마음이 후련해지는데, 이런 종류의 험담도 스트레스 해소에 많은 도움이 된다.
　사람은 누구나 자신의 생각을 타인에게 인정받고 싶어하기 때문에 항상 자기 의견에 동조해줄 상대를 찾고 있다.
　"그런 식으로 꾸짖을 필요까진 없잖아."
　"그건 그래. 나도 그렇게 생각해."
　상대가 이렇게 동조해주면 '나뿐만이 아니라 모두가 똑같이 생각하고 있어' 라며 자신이 옳았음을 확인하고 안심한다.

일반적으로 업무나 대인관계가 원만하지 못할수록 상사에 대한 험담이 잦아진다. 그리고 동료끼리 상사를 비난함으로써 서로 일체감을 느끼기도 한다. 하지만 관리직에 몸담고 있는 사람이라면 부하직원들이 뒤에서 험담하고 있다는 사실을 대충은 알고 있다. 그러므로 상사를 험담할 때는 그 이야기가 상대의 귀에 들어갈 수 있음을 각오해야 한다. 일단 상사의 귀에 들어가면 어설픈 변명보다는 업무실적을 올리기 위해 노력하는 것이 훨씬 바람직하다.

그런데 겉으로는 친한 척하면서 뒤로 돌아서면 마구 험담하는 사람이 있다. 나쁜 이야기일수록 본인의 귀에 들어가기 쉬운 법이다.

사실 본인 앞에서는 자기주장을 드러내지 못하고 꾹 참아야 하는 경우가 있다. 하지만 친한 상대를 험담하는 사람은 겉과 속이 다른 사람으로 여겨져 신뢰 받지 못한다. 더구나 친구의 비밀까지 거침없이 내뱉는다면 입이 가벼운 사람으로 여겨질 것이 분명하다. 그리고 그 말을 들은 사람도 뒤에서 자기를 욕하지 않을까 싶어 경계심을 갖게 된다. 결국 자신과 친한 사람에 대해 험담하는 것은 자기 얼굴에 침을 뱉는 것이나 마찬가지다.

중국의 역사책인 『사기』에는 '그 사람을 알려면 그 사람의 친구를 보라'는 말이 있다. 친한 사람에 대해 험담하면 자신도 똑같이 나쁜 인간이 될 수밖에 없다.

　남을 험담하는 것은 삼가야 할 일이지만, 그 험담을 들어주는 사람의 입장에서 보면 상대의 대인관계를 살필 수 있는 요소가 되기도 한다. 회사나 그룹 내부에서의 영향력, 교우관계, 적대관계 등과 같이 눈에 보이지 않는 부분을 파악할 수 있기 때문이다. 그런 정보를 얻기 위해 상대가 술을 먹이며 말을 유도하는 경우도 있으므로 늘 입을 조심해야 한다. 함께 험담하던 동료가 나중에 상사에게 슬쩍 일러바치는 경우도 적지 않은 것이 현실이다.

　입이 가벼운 사람에게는 아무리 비밀을 다짐 받고 이야기한다 해도 결국 소문이 나게 마련이다. 이런 유형의 사람과 대화를 나눌 때는 그 자리에서 끝나는 이야기로 화제를 제한해야 한다. 물론 기밀정보나 업무와 관련이 없는 개인적인 일은 애초에 입 밖에 내지 않는 것이 좋다.

44
허영심이나 질투심이 강한 사람

사람은 자신보다 뛰어난 사람에게 호감을 갖는 경향이 있다.

학교에서 인기가 좋은 학생들은 대부분 예쁜 여학생이나 운동을 잘하는 남학생이다. 사회인들은 미모나 능력과 더불어 교양, 사교성, 인격, 학력, 지위, 가문, 생활수준 등에서 자신보다 나은 사람들을 동경하고 선망한다. 그리고 그와 동시에 질투심을 품기도 한다. 질투는 상대가 자신보다 뛰어나다는 사실을 알았을 때 그 사람의 성공, 업적, 행복을 부러워하는 감정이다.

사람이 누구에게나 질투의 감정을 느끼는 것은 아니다. 영국의 철학자인 프랜시스 베이컨(Francis Bacon)은 "질투는 타인과의 비교에서 비롯되는 것으로, 비교가 없으면 질투도 없다"고

했다.

　일반인들이 연간 수십억 원을 버는 운동선수나 연예인을 부러워하기는 해도 질투심을 느끼지는 않는다. 이것은 자신과 너무 동떨어진 상대이기 때문이다. 하지만 자신과 거의 비슷한 수준이라고 생각하던 상대가 어떤 이유로 자신보다 높은 수준으로 향상되면 질투심을 느끼게 된다. 동료나 후배가 자신보다 먼저 승진하거나 높은 평가를 받는 사실을 알았을 때 내심 달갑지 않게 생각하는 사람도 많을 것이다.

　사람은 소질, 재능, 자라난 환경, 성격 등이 제각기 다르다. 그리고 아무런 고민이 없어 보이거나 아무리 잘생긴 사람도 저마다 나름대로 콤플렉스를 지니고 있다. 이 점을 충분히 이해하는 사람은 설령 질투심을 느껴도 그것을 생활의 활력소로 바꿀 수 있다. 그와 반대로 질투심에 얽매이는 사람은 항상 자신을 타인과 비교하며 승부에 집착한다. 상대가 성공하면 그 사람의 앞길을 방해하며 끌어내리려는 사람도 있다.

　그 차이는 열등감과 깊은 관련이 있다. 질투심이 강한 사람은 열등감도 강하다. 자신감이 없기 때문에 타인과 비교하면서 기뻐하거나 괴로워하는 것이다. 자신감이 없다는 사실을 감추기 위해 항상 자신보다 모자라거나 낮은 상대를 찾기도 한다. 그런 상대와 함께 있으면 자신이 우월함을 느낄 수 있기 때문이다. 자신보다 뛰어난 사람을 사귀는 것은 자신에 대한 평가를 높이기 위한 방편일 뿐, 상대의 성공이나 행복을 진심으로 바라는 마음은 없다. 이런 성향이 강한 사람은 타인과 대등하게 사귀며 신뢰관계를 쌓기가 어렵다.

질투심은 인간의 약점이기 때문에 대개는 밖으로 드러내지 않으려고 한다. 그러다가 상대가 성공하면 시기하고 방해하는 사람이 있으니, 평소에 주변 사람들을 유심히 살펴볼 필요가 있다. 특히 그 자리에 없는 사람을 칭찬하거나 타인의 성공담을 이야기할 때, 상대의 반응을 통해 허영심이나 질투심을 살펴볼 수 있다.

질투심이나 허영심이 강한 사람과 대화할 때는 항상 그 사람을 추켜세워줘야 한다. 그리고 그 사람보다 자신이 뛰어난 부분이 언급될 소지가 있는 화제는 가급적 꺼내지 않도록 주의해야 한다. 중요한 것은 그 사람이 당신을 얕보거나 당신에게 질투심을 느끼지 않도록 정도를 지켜야 하는 것이다.

45
말과 행동이 다른 사람

사회생활을 하다 보면 다양한 사람들을 만나게 된다. 그 중에는 전혀 예의를 모르거나 남에게 무관심한 사람, 그리고 차림새나 말투는 번듯하지만 실제로 이야기를 나눠보면 왠지 부자연스러운 느낌이 드는 사람도 있다.

가령 처음 만났을 때는 대기업에서 근무한다고 했는데 대낮에 평상복 차림으로 돌아다니는 사람이 있다. 그리고 모 회사의 아무개를 잘 알고 있다고 했는데 나중에 알고 보니 그 회사에 대해 아무것도 모르는 사람도 있다. 또한 외국에서 살아본 적이 있다고 하면서도 그 나라의 물정에 어두운 사람도 있다. 이렇게 전에 이야기했던 것과 사뭇 다르게 행동해 상대를 의아하게 만드는 사람이 있다. 만약 주위에 이런 사람이 있다면 처음 만났을 때의 인상을 떠올려보자. 어딘가 부자연스럽고 수상쩍은 느낌이 들지 않았는가?

나의 경험으로는 첫 인상에서 받은 느낌은 거의 틀리지 않는 것 같다. 간혹 예외도 있지만……. 이렇게 부자연스러운 느낌이 드는 사람은 다음과 같은 공통점을 지니고 있다.

1. 말과 행동이 일치하지 않는 경우가 많다.

이야기에 이상론이나 비현실적인 내용이 많아 현실감이 없다. 그리고 말과 행동이 크게 다르다.

2. 처음에 자신을 소개한 내용과 나중에 이야기하는 내용이 크게 다르다.

처음에는 형님이 교토에 산다고 말했다가 다음에 만났을 때는 "형님이 LA에 사는데……" 하는 식으로 전혀 다르게 이야기한다.

3. 수시로 말을 바꾼다.

처음에는 이렇게 말했다가 며칠 뒤에는 언제 그랬냐는 듯이 말을 바꾼다. 따라서 어느 쪽이 정말인지 종잡을 수가 없다.

이 중 두 가지 이상이 해당된다면 그 사람의 말은 절반 정도만 믿고 적당한 거리를 둔 채 사귀는 것이 좋다. 이런 사람은 감정의 기복이 심하거나 정서가 불안정해 그날의 기분에 따라 표정이나 말을 수시로 바꾼다. 이처럼 언행이 일치하지 않거나 그 순간의 감정에 따라 움직이는 사람은 결코 신용할 수 없다.

④⑥ 상습적으로 거짓말하는 사람

　소개팅에서 나이를 속이는 여성이 많다고 한다. 심지어 아무것도 모르고 사귀다가 결혼하기 위해 부모에게 소개한 뒤에야 상대가 10살이나 많다는 사실을 알고 황당해하는 남성도 있다. 조금이라도 젊게 보이고 싶은 것이 여자의 마음이겠지만 상대의 입장에서는 속았다는 사실에 불쾌함을 느낄 수밖에 없다.
　사람은 누구든 거짓말을 한다. 상대에게 좀더 잘 보이기 위한 거짓말, 사교적인 거짓말, 상대에게 상처주지 않기 위한 거짓말……. 이처럼 거짓말에도 여러 종류가 있는데, 간혹 남녀를 불문하고 만나는 사람 모두에게 습관처럼 거짓말을 내뱉는 사람이 있다.
　"지금 부하직원이 두 배로 늘어나 정신이 없어."

"학창시절에는 여학생한테 인기가 좋아서 팬클럽까지 있었지."

"우리는 대대로 의사 집안이라 명문대 출신이 많아."

한 가지 거짓말을 믿게 하려면 수많은 거짓말을 더 해야 한다. 모든 거짓말을 일일이 기억해 이야기를 짜맞추는 것도 결코 쉬운 일은 아니다.

상습적으로 거짓말하는 사람은 상대에게 잘 보이려고 순간적으로 거짓말을 한다. 한순간을 얼버무리기 위해 거짓말을 하기 때문에 본인도 언제 무슨 말을 했는지 잊어버려 결국에는 들통이 나고 만다.

꾸며낸 이야기의 특징 중 하나는 추상적인 내용이 많다는 점이다. 자기 아버지가 병원장이라고 하면서도 무슨 병원이고 규모가 어느 정도며 직원이 몇이나 되는지는 도통 이야기하지 않는다. 구체적인 내용을 물으면 말을 얼버무리거나 화제를 바꿔버리기 때문에 주위 사람들이 그 이야기를 신뢰하지 못한다.

또 한 가지 특징은 그 자리에서 바로 증명할 수 없는 내용이 많다. 이를테면 그 사람의 고향집에 가본 사람이 주위에 아무도 없어서 진실을 규명하기가 어렵다는 것이다.

사람은 타인에게 잘 보이려는 사회적 승인욕구를 지니고 있다. 습관적으로 거짓말하는 사람은 이 욕구가 강한 것이다. 이것은 스스로가 생각한 자신의 이미지와 타인의 평가에서 큰 차이를 느끼기 때문이다.

　이상은 높지만 현실은 그렇지 못하다. 높이 평가받고 싶은데 아무도 자신을 인정해주지 않는다. 이런 생각이 강할수록 자신의 이미지와 타인의 평가 간의 차이에 고민하고 그 차이를 좁히기 위해 거짓말을 한다. 특히 허영심이 강한 사람일수록 자존심도 강해 자신을 필요 이상으로 크게 보이고 싶어한다. 거짓말이나 허풍도 그런 수단의 하나다.

　물론 이런 거짓말은 자신의 이익을 위해 남을 속이는 사기와는 다르다. 하지만 자신을 잘 보이려고 거짓말을 반복하는 것도 타인을 속이는 것이라는 점에서 보면 크게 다를 바 없다.

　개중에는 주위 사람들의 시선을 끌기 위해 자신을 불운의 주인공으로 삼아 이야기를 꾸며대는 사람도 있다. 처음에는 그 이야기를 믿고 동정하던 사람들도 본인의 이야기 내용이 자주 바뀌기 때문에 다시 한 번 생각해보게 된다.

　이솝우화 중 「늑대와 소년」처럼 거짓말을 자주하면 나중에 진실을 말해도 아무도 믿어주지 않는다. 상대의 이야기가 뭔가 수상쩍다고 생각되면 그 사람을 알고 있는 주위 사람들에게 자세히 물어봐야 한다. 다른 사람들도 똑같은 생각을 갖고 있다면 그 사람의 이야기는 대충 흘려듣고 깊이 사귀지 않는 편이 좋다.

❹❼ 생색을 잘 내는 사람

"다 자넬 위해 하는 말이네."
"너를 충분히 이해하기 때문에 말하는 거야."

이런 식의 상투적인 수식어는 부모가 자식에게, 상사가 부하직원에게, 윗사람이 아랫사람에게 흔히 사용하는 말이다. 그런데 정말로 상대를 위해 이렇게 말하는 걸까?

상사에게 회사를 그만두겠다고 하면 대개는 다음과 같이 말하곤 한다.

"그 다음엔 어떡하려고? 지금 그만두면 재취업하기도 쉽지 않을 텐데. 어느 직장이든 불만은 있게 마련이지. 스스로 타협할 줄 모르면 어느 회사에 가든 마찬가지야."

그러고는 이렇게 한마디 덧붙인다.

"다 자네를 위해서 하는 말이라구."

왠지 생색을 내고 싶어하는 듯한 느낌이 드는 말이다.

'자네를 위해서' 라는 말을 입버릇처럼 사용하는 사람은 타인의 일에 참견하기 좋아하는 사람이다. 그리고 누군가가 자신을 믿고 따르면 기운이 넘치는 타입이다. 지배욕과 더불어 타인을 지휘하고 싶어하는 욕구도 강하다. 이런 사람일수록 타인에게 머리를 숙이거나 지시 받는 것을 싫어한다. 그러면서도 자신은 타인을 지배하고 싶어한다는 사실을 잘 깨닫지 못한다.

친절한 마음에서 해준 말이라도 상대에게 전혀 통하지 않는 경우가 있다. 아니, 오히려 상대에게 상처를 입히는 경우도 있다. 또한 그 사람의 방법이 모든 사람에게 똑같이 통하는 것은 아니다. 친절도 정도가 지나치면 성가신 참견이 된다. 자신은 상대를 위한 일이라고 말하지만, 정작 그 말의 진위를 판단하는 것은 상대다.

인간관계가 틀어지는 이유 중 하나는 자신의 기준으로 상대를 평가하기 때문이다.

'너를 위해서'라든지 '너를 생각해서'라는 말은 상대에게 자신의 생각을 강요하는 느낌을 준다. 때문에 감사를 받기는커녕 오히려 반감을 살 우려가 있다.

이처럼 생색내기를 좋아하는 사람과 친분을 유지하려면 먼저 그 사람을 추켜세우는 것이 좋다. 그리고 배울 것이 있다면 배워

두도록 하자. 중요한 정보원이 될 수도 있으므로 친해진다고 해서 손해 볼 것은 없다. 어느 정도 거리를 두면서 자신의 반면교사로 삼도록 하자.

48
언제나 서먹서먹하게 대하는 사람

여러 번 만났는데도 서먹서먹하게 존댓말을 쓰는 사람이 있다.

존댓말은 상대를 공경한다는 의미에서 쓰는 말로 윗사람, 손님, 상사, 선배, 거래처 담당자 등과 대화할 때 주로 사용한다. 물론 처음 만났을 때는 비슷한 또래나 아랫사람에게도 존댓말을 쓸 수 있다. 하지만 여러 번 만나면서 서로에 대해 어느 정도 알게 되면 점차 스스럼없이 말하는 것이 일반적이다.

그런데 아무리 시간이 지나도 정중하게 존댓말을 사용하는 사람이 있다. 언뜻 보기에는 예의가 바른 사람처럼 보일 수도 있지만, 거기에는 전혀 예상치 못한 그 사람의 의도가 숨겨져 있을 수도 있다.

그중 하나는 당신과 적극적으로 친해지고 싶은 마음이 없다는 뜻이다. 대인관계는 말투에서도 그대로 드러난다. 말투를 흐트러뜨리지 않는 것은 당신과 더 이상 친해지고 싶은 마음이 없어 일정한 거리를 두려 하기 때문이다. 서먹서먹한 말투를 사용해 상대와의 사이에 선을 그어두고 싶어하는 일종의 방어책이라고 할 수 있다. 은근무례(慇懃無禮)라는 말처럼, 표면적인 태도는 정중하지만 속으로는 상대를 가볍게 여기는 경우도 있다.

존대말을 쓰는 또 다른 의도는 당신에 대해 그다지 좋은 감정을 갖고 있지 않을 경우가 있다. 사회생활을 하다 보면 상대가 싫더라도 겉으로는 내색하지 않고 행동하는 경우가 있는데, 지나치게 정중한 말투에는 증오나 적의가 숨어 있는 경우가 많다.

심리학에는 자신을 지키기 위해 작용하는 방어기제(防禦機制)라는 것이 있다. 그중 하나가 자신이 갖고 있는 욕구나 감정을 정반대의 형태로 나타내 불안을 씻어내려는 반동형성(反動形成)이다.

인간은 누구나 상반된 감정을 지니고 있다. 당신이 남성이라면 어렸을 적에 좋아하던 여자아이와 친하게 지내고 싶으면서도 일부러 싫어하는 척하고 장난을 쳤던 경험이 있을 것이다. 반면 상대에게 증오나 적대심과 같은 감정을 가슴에 품고 있으면 그 감정이 정반대의 형태로 나타난다. 즉, 지나치게 친절하거나 필요 이상으로 정중하게 대하면서 가슴에 품고 있는 증오의 감정을 유지하는 것이다.

　증오나 적대감 같은 불쾌한 감정은 마음속 깊은 곳에 자리 잡고 있어, 때로는 본인도 그런 사실을 의식하지 못하는 경우가 있다. 서먹서먹한 존댓말이나 정중한 말투로 대하는 것까지는 좋지만, 마음속 깊은 곳에 억누르고 있던 감정이 언제 폭발할지는 알 수 없는 일이다.

　이런 사람과는 많은 시간을 들이며 끈기 있게 노력하면 심리적 거리를 좁혀갈 수도 있다. 하지만 일단 누군가가 싫어지면 어지간한 계기가 없는 한 그 감정을 바꾸기가 쉽지 않다. 상대가 계속 존댓말이나 정중한 태도로 당신을 대하려고 하면 더 이상 깊이 관여하지 않는 편이 무난하다.

체크리스트 5

당신은 어떤 사람인가?

자신이 평소에 어떻게 처신하는지 체크해보자. 체크한 결과에 따라 어드바이스를 참고해 자신의 행동 및 습관을 개선하자.

1. 완고하고 까다로운 사람은 역시 대하기가 어렵다.
   ☐ yes   ☐ no

   어드바이스 완고하면서 업무에 엄격하지도 않고 단지 협조성이 부족한 사람이 의외로 많다. 언제나 첫 번째 제안은 반대해야 직성이 풀리는 성격을 지닌 상대라면 중요한 제안내용을 두 번째로 돌리거나 나름대로 시나리오를 짜야 한다.

2. 남을 험담하는 말에 자주 동조한다.
   ☐ yes   ☐ no

   어드바이스 가만히 들어줬을 뿐인데 어느새 남의 험담에 동조한 것처럼 돼버리는 경우가 있다. 험담하기를 좋아하는 것도 성격이기 때문에 쉽사리 고쳐지지 않는다. 그럴 때는 얼른 자리를 뜨는 것이 상책이다.

3. 자기 이야기만 늘어놓는 사람의 말도 잘 들어주는 편이다.

☐ yes　☐ no

어드바이스 자기 이야기만 하는 상대의 말을 잘 들어주는 것은 아무런 도움이 되지 않는다. 상대는 누구에게든 자기 이야기를 늘어놓고 싶어하는 것일 뿐이다. 한번 잘 들어주면 다음에 또 당하기 쉬우므로 확실히 선을 그어두는 것이 좋다.

4. 남에게 부탁을 받으면 거절하지 못하는 성격이다.

☐ yes　☐ no

어드바이스 다른 사람의 부탁을 잘 거절하지 못하는 사람은 대개 남에게 잘 보이려는 성향이 있다. 상대가 일방적으로 부탁하는 경우에는 단호히 거절할 줄도 알아야 한다.

5. 남들과 쉽게 친해지지 못한다.

☐ yes　☐ no

어드바이스 여러 번 만나도 일상적인 대화로 그치게 되는 사람이 있다. 상대와 공감할 수 있는 공통점을 찾으려고 노력한다면 좀더 친근한 관계로 발전할 수 있다.

6. 성격이 대쪽 같은 사람을 보면 부러운 생각이 든다.

☐ yes　☐ no

어드바이스 정말로 대쪽 같은 성격도 있지만, 상대에 대한 배려가 없는 막돼먹은 사람도 있다. 그런 사람에게 이용당하지 않도록 조심해야 한다.

7. 동료와 술을 마시면 항상 상사를 험담하는 대화로 이어지기 때문에 가급적이면 술자리를 피한다.

☐ yes ☐ no

어드바이스 프로들은 불평이나 험담을 늘어놓지 않는다. 유능한 사람은 그런 이야기가 아니더라도 얼마든지 화젯거리를 갖고 있다. 상사를 자주 험담하는 사람은 무능한 사람이라고 생각하고 어느 정도 거리를 유지하는 것이 좋다.

6장

'그'처럼 일하면 일이 즐겁다

인간의 심리를 잘 파악하는 사람은 무슨 일이든 능숙하게 처리한다. 거래처에 다소 무리한 부탁을 해서 업무성과를 올리거나 심각한 클레임을 원만하게 처리하는 등, 당신 주위에도 이처럼 업무능력이 뛰어난 사람이 있을 것이다. 이런 사람과 함께 일하면 모든 일이 순조로울 것 같다는 생각도 들 것이다. 그리고 주위 사람들이 이렇게 생각하면 자연히 좋은 결과를 얻게 된다.

이는 인간의 심리를 파악하는 심리학과 연관이 있다. 심리학이라고 하면 다소 막연한 느낌이 들게 되겠지만, 모든 심리학 분야에 정통할 필요는 없다. 우선 직장인에게 필요한 것은 남을 즐겁게 해주면서 높이 평가 받을 수 있는 방법이다. 물론 그 반대의 경우도 알아야 한다.

유능한 사람은 나름대로 독특한 분위기를 지니고 있다. 주위 사람들의 의욕을 북돋워주고, 그들의 능력을 향상시켜 좋은 결과를 얻는 과정을 반복하면서 자연스럽게 그런 분위기를 갖게 되는 것이다.

이번 장에서는 유능한 사람이 돼 일을 즐기기 위한 자기 업그레이드 방법에 관해 생각해보기로 하자.

㊾ 팀워크를 중시하라

　기업을 상대로 실시한 설문조사에서 신입사원을 채용할 때 특히 주시하는 능력이 무엇인지 물었다. 그러자 1위는 열의나 의욕, 2위는 전문지식이나 기술, 3위는 협조성이라는 결과가 나왔다.
　아무리 일을 잘해도 대인관계가 원만하지 못하면 업무를 순조롭게 진행할 수 없다. 협조성은 비즈니스의 기본이자 대인관계를 원만하게 유지하기 위한 필수조건이다. 주위 사람들과 협조하며 밝고 조화롭게 지내는 사람은 직장에서든 어디에서든 환영 받게 마련이다.
　옛날 농경사회에서는 집단 속의 조화를 중시해 '튀어나온 못은 얻어맞는다'는 풍조가 강했다. 남들과 똑같이 행동하며 상대에게 자신을 맞추는 것을 협조성이라고 생각했기 때문이다. 하지만 협조와 동조는 엄연히 다르다. 협조란 서로 의견을 나누며 대화하고 협력해 하나의 목적을 달성하는 것이다.

타인과 함께 지내는 것이 서툰 사람들 중에는 회사 사람들과는 회사에서만 만나겠다는 자세를 고수하는 사람도 있다. 하지만 집단생활에서는 피할 수 없는 자리가 있다. 신년회, 송년회, 환영회, 송별회와 같은 회사의 공식적인 모임을 비롯해서 업무상 접대나 관혼상제 등에도 참가해야 한다. 개중에는 거의 교제가 끊기거나 얼굴도 기억하기 어려운 사람의 피로연에 초대 받는 경우도 있다. 물론 이런 경우에는 굳이 참가할 필요가 없다. 하지만 결혼하는 사람이 자신의 동료나 부하직원이라면 체면상 참가해야만 한다. 그럴 때는 일종의 비즈니스라고 생각하고 참가하면 된다.

일은 혼자가 아닌 여러 사람의 협력과 조화로 이루어진다. 그렇기 때문에 서로 협력하지 않으면 업무를 원활하게 진행하기 어렵다.

그렇지만 협조해야 할 때와 협조하지 않아도 될 때가 있다. 모든 것을 남들에게 맞춰야 한다고 생각하면 본인이 금방 지치게 된다. 그리고 철저히 개인주의를 고집하며 주위 사람들을 멀리하면 또 다른 폐해가 뒤따르게 된다.

'군자는 어울리지만 똑같이 행동하지 않고, 소인은 똑같이 행동하면서 어울릴 줄 모른다'는 논어의 한 구절이 있다. 주위 사람들과 원만하게 어울리면서도 자신의 주관을 소중히 여기며 조화롭게 살아가야 한다는 말이다. 즉, 협조는 하지만 기본적인 도리나 자신의 주관을 버리면서까지 동조하지는 말라는 것이다.

자신의 입장을 충분히 이해하고 생각을 정확히 전달해야 한다. 그와 동시에 타인과의 팀워크를 소중히 여겨야 한다. 이런 사람이 바로 업무의 성취도를 높이는 사람이다.

이를 위해서는 타인과의 거리를 적절히 유지하며 균형 있게 협조하는 것이 바람직하다.

⑤⓪
당당히 거절하라

　사람은 자신이 곤란할 때 의논상대가 돼주거나 낙담할 때 위로해주는 사람에게 호감을 갖게 마련이다. 그리고 동의를 구할 때 흔쾌히 대답해주는 사람에게 친근함을 느끼게 된다.
　앞서 이야기한 친화동기처럼 사람은 자기편이 돼주거나 자신과 비슷하거나 혹은 자신에게 호감을 갖는 사람에게는 잘 협력하게 돼 있다.
　이처럼 상대의 입장에서 이야기를 들어주거나 서로의 공통된 문제, 목표, 취미 등을 화제로 삼으면 상대는 자연히 동료의식을 느끼게 된다. 하지만 상대와 의견이 다르면서 늘 그 사람의 이야기에 동조하다 보면 본인이 금방 지쳐버린다. 시간적으로나 정신적으로 여유가 있을 때는 남의 고민도 들어주고 위로의 말도 건네줄 수 있지만, 자신이 피곤할 때는 그럴 만한 여력이 없다.

사람은 누구나 타인에게 잘 보이기 위해 신경을 쓴다. 귀찮다고 생각하면서도 남의 부탁을 거절하지 못하는 사람도 있다. 이런 사람은 필요 이상으로 남의 시선에 얽매이는 경향이 있다. 그리고 자신감이 없는 사람인 경우가 많다.

자신의 가치를 높이 평가하고 또 소중히 여기는 것이 자존감정(自尊感情)이다. 이 감정은 자기평가나 사회생활과 깊은 관련이 있다. 자존감정이 높은 사람은 자신을 가치 있는 인간이라고 생각하며 타인에 대해 열등감을 갖지 않는다. 그리고 타인의 평가에 그리 연연하지 않고 사회에 순조롭게 적응한다.

이와 반대로 자존감정이 낮은 사람은 자신을 가치 없는 인간으로 생각하고 타인에 대한 열등감이 강하다. 그리고 타인의 평가에 민감하게 반응하는 경향이 있다.

남의 시선에 민감한 사람은 상대에게 잘 보이고 싶어하는 마음이 강하다. 하지만 상대에게 미움을 사고 싶지 않다고 해서 무리하게 상대에게 맞출 필요는 없다. 간혹 자신의 일을 뒤로 미루면서까지 남을 도와주는 사람도 있다. 하지만 그것은 시간이나 정신적인 여유가 있을 때나 가능한 일이다. 남을 도와주면서 불필요한 스트레스를 받게 된다면 오히려 도와주지 않는 것만 못하다. 따라서 마음이 내키지 않거나 무리가 있다고 생각되는 일은 거절하는 편이 낫다. 한쪽이 부담을 느낀다면 서로를 위해 별로 좋을 것이 없기 때문이다.

"미안. 지금은 좀 바쁘니까 이야기는 나중에 들어줄게."

"난 잘 모르니까 비슷한 입장에 놓인 사람하고 의논해보는 게 어때?"

이런 식으로 부드럽게 거절하면 상대도 그리 기분이 상하지는 않을 것이다. 그래도 상대가 당신에게 매달린다면 타인의 입장을 존중하지 않는 사람으로 생각하고 적당한 거리를 두는 것이 좋다.

❺❶ 상대방의 '개인 영역'을 파악하라

　대인관계가 원만한 사람은 적당한 거리를 유지하는 방법을 잘 알고 있다. 여기서 말하는 거리란 물리적인 거리가 아닌 심리적인 거리를 가리킨다.
　우선 물리적인 거리를 살펴보자. 사람은 호감이나 친근함을 느끼는 상대에게는 가까이 다가가려 하고 혐오스럽게 느껴지는 상대와는 가급적 멀리 떨어지려는 경향이 있다. 또한 좋아하는 상대와 이야기할 때는 자연히 몸도 그 사람 쪽으로 향하게 된다. 회식자리에서 당신 옆에 앉고 싶어하는 사람이 있다면 당신에게 친근감을 갖고 있다고 생각해도 무방하다. 이와 반대로 당신과 멀리 떨어진 자리에 앉으려는 사람은 당신에 대해 그리 좋은 감정을 갖고 있지 않거나 무관심한 사람이다.

심리학 서적을 읽어본 사람이라면 '개인 영역(personal space)'에 대해 알고 있을 것이다. 인간은 일정한 거리 이내로 상대가 접근해오면 불쾌함을 느낀다. 자신이 미처 인식하지 못한 미지의 물체가 접근하면 경계심을 느낀다. 그리고 더 이상 접근하지 못하도록 자기만의 일정한 공간을 확보하려고 한다. 일정한 거리를 두면 만일 상대가 공격해도 도망칠 수 있기 때문이다. 이것은 일종의 보호본능으로, 동물들의 자기 영역과도 같다고 할 수 있다. 자신의 주변을 둘러싼 이 공간 영역을 개인 영역이라고 한다.

　사람은 무의식적으로 상대와의 친밀도에 따라 적절한 거리를 두고 있다. 연인과는 어깨를 끌어안거나 팔짱을 끼지만, 낯선 사람이 갑자기 다가오면 놀라며 불쾌함을 느낀다. 일반적으로 개인 영역은 어른보다 어린이가 좁고 남성보다 여성이 좁다. 또한 낯선 사람일수록 넓어지고 친한 사람일수록 좁아진다. 사실 멀찌감치 떨어진 사람보다는 가까이 있는 사람이나 자주 말을 거는 사람에게 더 친근함을 느끼게 되는 것이 인간의 심리다.

　하지만 개인 영역은 그 사람의 성격에 따라 조금씩 다를 수 있다. 낯선 사람이 접근해도 별로 개의치 않는 사람이 있는가 하면, 친한 사람과도 가능하면 거리를 두려는 사람이 있다.

　사람과 사람이 친해지기 위해서는 서로 가까이 접근할 필요가 있다. 하지만 상대와의 관계에 따라 적당한 거리를 두지 않으면 한쪽이 불쾌함이나 정신적인 압박을 느끼게 된다.

　상대의 개인 영역을 확인하려면 그 사람과의 거리를 1미터 이내로 좁혀보자. 그때 상대가 보이는 반응을 통해 당신에 대한 감정을 확인할 수 있다. 평소에 친하게 지내는 상대라도 가까이 접근할 때 움츠리는 반응을 보인다면 당신에게 경계심을 갖고 있는 것이다.

❺❷ 서로가 편안해질 수 있는 적당한 거리를 유지하라

가정주부인 A씨는 아이들이 어느 정도 자라자 이제 자신의 인생을 즐기기로 했다. 그런데 한동안 뜸했던 친구들을 만나기 위해 연락했지만 모두가 바쁘다는 이유로 거절했다. 그녀는 자신이 거절당한 상황을 납득하지 못한 채 고민에 빠지고 말았다.

사람은 서로 만나는 빈도, 시간, 대화 내용 등으로 상대와의 거리감을 측정한다. 미국의 정신분석과 전문의 벨락(Bellak)은 '고슴도치 지수'라는 공식을 고안했다.

고슴도치 지수 = 자극의 수 × 강도 × 지속시간

이것을 다음과 같이 바꾸어 계산해보자.

고슴도치 지수 = 10초 동안 떠오르는 친구의 수×일주일 동안 만나는 횟수×만나는 시간

이 공식은 친구나 연인과의 심적인 거리감을 측정하는 기준으로도 이용할 수 있다.

가령 A씨가 10초 동안 5명의 친구를 떠올리고 일주일에 10명을 만나 평균 10분씩 시간을 보낸다면 고슴도치 지수는 500이 된다. 그런데 B라는 사람이 10초 동안 5명의 친구를 떠올리고 평균적으로 일주일에 한 번씩 친구를 만나 100분쯤 시간을 보낸다고 치자. 합계는 똑같이 500이지만 실제 내용은 전혀 다르다.

A씨는 잠깐 만나는 정도로 표면적인 인간관계를 원한다. 반면 B씨는 자주는 아니지만 특정한 사람과 충분히 이야기를 나누는 깊은 인간관계를 원한다.

사람은 가까이 있는 상대와는 심리적인 거리도 가깝게 느낀다. 그리고 앞서 이야기한 것과 같이 만나는 횟수가 많아질수록 친근함이나 호감을 느끼기가 쉽다. 하지만 무조건 자주 만난다고 해서 좋은 것은 아니다.

사교적으로 만나는 사이라면 짧은 시간에 형식적인 대화를 나누는 것만으로도 충분할 수 있다. 하지만 정말 친해지고 싶은 사람과 심리적인 거리를 좁히려면 오랜 시간 대화를 나누면서 서로에 대한 이해의 폭을 넓혀야 한다.

그런데 학창시절이라면 몰라도 사회에서는 서로가 바쁘기 때문에 자주 만나기가 어렵다. 이런 경우에는 역시 장기적으로 충분한 시간을 두고 조금씩 친해지는 것이 바람직하다.

친구는 '수프가 식지 않을 만큼의 거리'에 사는 것이 좋다고 한다. 만나고 싶을 때 언제든 만날 수 있어 위안이 되기 때문이다. 그렇다고 항상 얼굴을 대하는 것도 아니기 때문에 번거로울 일도 없다. 가끔 만나니 늘 반갑게 느껴진다는 것이다. 한마디로 지나치게 가깝지도, 멀지도 않은 적당한 거리를 유지하며 사귀는 것이 좋다. 이를 위해서는 서로에게 스트레스를 느끼지 않는 가장 쾌적한 거리감을 찾아내야 한다. 이것이 좋은 인간관계를 유지하는 비결이다.

53
정말 능력 있는 사람은 외모도 소홀히 하지 않는다

동서고금을 막론하고 대다수의 남성들은 미인에게 약하다. 일반적으로 사람이 타인에게 호감을 갖는 요소는 두 가지라고 한다.

- 상대와 자신 사이의 '연관성'을 느끼는 경우
- 상대의 외모가 빼어나고 매력적인 경우

위의 두 가지 요소 중 하나를 발견했을 때 그 사람을 좋아하게 된다는 것이다. 그렇기 때문에 얼굴이 예쁘고 몸매가 아름다운 여성일수록 남성들에게 인기가 좋다.
그렇다면 남성의 외모는 어떻게 받아들여질까?

남자의 매력은 얼굴과 무관하다는 말도 있다. 하지만 만약 여성의 눈앞에 키 크고 잘생긴 남성과 키 작고 뚱뚱하고 대머리인 남성이 있다고 치자. 그 여성이 어느 남성에게 관심을 보일지는 굳이 말할 필요도 없을 것이다.

오히려 여성이 남성보다 상대의 외모를 중시하는 성향이 더 강하다고 한다. "난 남자의 외모에는 별로 신경 쓰지 않는 편이야"라는 여성의 말을 곧이곧대로 받아들이기는 어렵다. 만약 외모가 좋지 않으면 그것을 보완할 수 있는 경제적 능력이나 부드러운 성격을 요구하는 경우도 많다.

'남자는 능력만 있으면 외모는 아무래도 상관없다'는 남성도 있다. 하지만 정말로 능력이 있는 사람은 자신의 이미지관리에도 상당히 신경을 쓴다. 푸석푸석한 머리에 쭈글쭈글한 셔츠를 입고 먼지가 잔뜩 앉은 구두를 신은 사람에게 안심하고 일을 맡길 사람은 많지 않기 때문이다.

면접시험장에서도 복장이나 태도 등과 같은 외모로 그 사람을 판단하는 경우가 적지 않다.

미국에서는 면접시험을 볼 때, 면접관에게 자신감이나 적극성과 같은 긍정적인 인상을 심어주는 것도 일종의 능력으로 여긴다. 한국에서도 그에 대한 비중이 점차 커지고 있다. 한 회사의 조사에 따르면, 재취업 희망자를 면접하는 인력소개업체의 담당자 중 절반 이상은 면접대상자의 능력이나 경력보다 첫인상을 중시한다고 한다. 말투, 태도, 예의 등으로 어느 정도는 그 사람의 능력을 판단할 수 있다는 것이다.

　미국의 상원의원이자 변호사였던 엘버트 허바드(Elbert Hubbard)는 이렇게 말했다.

　"상대를 설득하는 것은 말이 아니라 올바른 몸가짐이다."

　복장이 단정하고 태도가 바른 사람의 이야기에는 누구나 귀를 기울이게 마련이다.

❺❹ 함께 있으면 즐거워지는 사람이 되자

　많은 사람들이 자신의 이야기를 들어주고 이해해줄 사람과의 새로운 만남을 원한다. 멋진 사람, 즐거운 사람, 함께 있는 것만으로도 자신의 인생이 좀더 즐거워질 수 있는 사람과 친구가 되고 싶어하는 것이다.

　하지만 현실적으로 그런 상대는 찾기 어렵다고 생각하는 사람도 많다. 설령 그런 사람을 만난다고 해도 순조롭게 대화가 이어지지 않아 점점 사이가 멀어지는 경우도 있다.

　유유상종(類類相從)이라는 말처럼 사람은 자신과 비슷한 상대와 쉽게 친해진다. 불만스러운 나날을 보내는 사람은 똑같이 불만을 품고 있는 사람과 쉽게 공감대를 형성한다. 그렇기 때문에 만약 당신이 멋진 사람, 재미있는 사람, 자신의 인생을 더욱 즐겁고 풍요롭게 만들어줄 사람과 친구가 되고 싶다면 당신이 먼저 그런 사람이 돼야 한다.

사람이 사람에게 매력을 느끼는 요소 중 하나는 '신체적 매력' 이다. 일반적으로 미남이나 미녀가 인기가 높듯이 신체적 특징은 상대에게 심어줄 자신의 이미지에 커다란 영향을 미친다. 여기서 말하는 신체적 특징은 얼굴 생김새나 스타일뿐만 아니라 표정이나 전체적인 분위기도 포함된다.

사람은 외모가 아니라 성격이 중요하다는 것은 누구나 알고 있다. 하지만 어둡고 우울한 표정으로 늘 불평만 늘어놓는 상대와 다시 만나고 싶어할 사람은 아무도 없을 것이다. 상대에게 호감을 주며 계속 만나고 싶도록 만드는 사람은 역시 진취적이고 긍정적인 사람이다. 밝은 표정으로 환하게 미소 짓는 사람과 함께 있으면 자연히 자신의 기분도 좋아진다.

얼굴 생김새는 타고난 것이기 때문에 바꿀 수 없다. 하지만 헤어스타일, 복장, 표정, 자세 등은 얼마든지 바꿀 수 있다. 깔끔한 복장, 환한 미소, 긍정적인 대화만으로도 상대에게 충분히 좋은 인상을 심어줄 수 있다.

표정에는 그 사람의 성격이나 정신상태, 생활환경 등이 고스란히 나타난다. 올바르게 자란 사람의 표정에는 여유가 있다. 반면 그렇지 못한 사람의 표정은 험상궂다. 그리고 심각한 고민이나 불만을 품고 있는 사람의 표정은 늘 어둡고 우울하다.

대화를 나누는 동안에는 애써 미소 지을 수도 있지만, 어느 순간 긴장이 풀리면 본래의 얼굴이 드러나게 된다. 젊을 때는 잘 모르지만 나이가 들수록 인격이나 생활이 얼굴에 나타나기 시작한다. 한마디로 얼굴이 그 사람의 이력서인 셈이다.

물론 인생에는 순풍이 불 때도 있고 역풍이 불 때도 있다. 역풍을 맞았을 때는 표정이 어두워지기 쉽지만, 그럴 때일수록 밝게 행동해야 한다.

언제나 미소를 띠고 전혀 고민이 없는 것처럼 밝게 지내는 사람도 있다. 하지만 이 세상에 고민 없는 사람은 아무도 없다. 남에게 우울한 모습을 보이지 않는다는 것은 그 자리의 분위기를 밝게 만들려는 마음과 지금 이 순간을 즐기겠다는 마음으로 생활하기 때문이다.

비즈니스에서 원만한 대인관계를 유지하는 데 가장 필요한 것은 커뮤니케이션 능력, 즉 자기표현력이다. 상대에게 호감을 심어줄 수 있도록 자신의 인상을 관리하는 것도 그 사람의 능력이다.

모든 일은 그것을 어떻게 받아들이느냐에 따라 플러스가 되기도 하고 마이너스가 되기도 한다. 즐거운 일을 생각하면 자연히 기분이나 표정이 밝아진다. 그리고 그 기분은 상대에게 고스란히 전해진다.

"이 사람은 항상 긍정적인 자세로 발랄하게 살고 있다."

"이 사람과 함께 있으면 왠지 즐거워진다."

상대에게 이런 인상을 심어주면 자연히 매력적인 사람들이 모여들게 된다.

체크리스트 6

당신은 얼마나 자신감 있게 생활하는가?

자신이 평소에 어떻게 처신하는지 체크해보자. 체크한 결과에 따라 어드바이스를 참고해 자신의 행동 및 습관을 개선하자.

1. 상사나 선배에게 귀여움을 받고 있다.
   ☐ yes ☐ no

   어드바이스 귀여움을 받는다는 것은 업무 결과뿐만 아니라 커뮤니케이션 능력이 좋다는 뜻이기도 하다. 그만큼 사회생활에서 성공할 가능성도 높다.

2. 남의 일을 잘 거들어주는 편이다.
   ☐ yes ☐ no

   어드바이스 다른 사람의 일을 잘 거들어주는 사람은 타인을 배려하는 스타일이다. 이는 자칫 불필요한 참견이 될 수도 있다. 자신의 업무는 뒷전으로 미루면서 남의 일을 거드는 일이 없도록 주의해야 한다.

3. 똑같은 색깔의 구두를 세 켤레 이상 갖고 있다.

□ yes □ no

어드바이스 외모에 신경을 쓰는 것은 중요한 일이다. 이런 사람들은 자신은 물론, 다른 사람의 기분까지 밝게 만드는 진취적인 타입이다.

4. 이성에게 인기가 있는 편이다.

□ yes □ no

어드바이스 인기 있는 사람은 상대가 무엇을 원하는지를 잘 알고 있다. 한마디로 인간심리에 밝은 사람이라고 할 수 있다.

5. 상대에 따라 대하는 태도를 바꿀 수 있다.

□ yes □ no

어드바이스 사람은 누구나 '개인 영역'을 갖고 있다. 상대의 개인 영역을 잘 파악하면 업무를 순조롭게 진행할 수 있다.

6. 불경기를 탓하며 불평한 적이 있다.

□ yes □ no

어드바이스 불만은 누구에게든 있을 수 있다. 그렇지만 긍정적으로 생각하는 사람만이 조직의 리더나 프로가 될 수 있다는 점을 명심하도록 하자.

7. 부서의 분위기 메이커 역할을 맡고 있다.

□ yes □ no

어드바이스 분위기 메이커는 아무나 할 수 있는 일이 아니다. 부서 사람들의 업무나 과제 등을 살피고 긍정적인 메시지를 보내는 것 자체가 업무관리 능력으로 이어진다.

그는 왜 모두가 좋아할까?

초판 1쇄 발행 2005년 2월 5일
초판 6쇄 발행 2007년 9월 20일
2판 1쇄 발행 2007년 12월 10일
2판 5쇄 발행 2010년 3월 10일

지은이 감바 와타루
옮긴이 김성기
펴낸이 김연홍

펴낸곳 아라크네
출판등록 1999년 10월 12일 제2-2945호
주소 121-816 서울시 마포구 동교동 148-7
전화 02-334-3887 **팩스** 02-334-2068
홈페이지 www.arachne.co.kr **이메일** arachne@arachne.co.kr

값 8,800원
ISBN 89-89903-55-6 03320

잘못된 책은 바꾸어 드립니다.